Brotaufstriche
selbst gemacht

TEXT | FOTOS
MARTINA KITTLER | JANA LIEBENSTEIN

004 SERVICE

1

2

3

4

5

6

7

1 | Nüsse und Samen

… wie Hasel- und Erdnüsse, Mandeln, Sesam, Kürbis- und Sonnenblumenkerne lassen sich solo zu feinen Musen pürieren, geben aber auch in Kombination mit anderen Zutaten süßen oder pikanten Brotaufstrichen Würze und Crunch. Ganze Nüsse und Kerne vorher in einer trockenen Pfanne rösten – das sorgt fürs besonders nussige Aroma.

2 | Tofu

Der gepresste Sojabohnenquark ist ein Multitalent in der Aufstrich-Küche, denn er nimmt alle Wunscharomen auf. Naturtofu lässt sich zur streichfesten Paste pürieren. Der sehr weiche Seidentofu wird oft mit Johannisbrotkernmehl gebunden.

3 | Quark und Käse

Milchprodukte wie Magerquark, Frischkäse, Ricotta und Mascarpone sorgen für besonders cremige Aufstriche, Gorgonzola und Feta geben außerdem herzhafte Würze. Damit Quarkmassen nicht zu weich werden, den Quark vorher in einem Küchentuch auspressen oder auf einem Küchensieb ca. 30 Min. abtropfen lassen.

4 | Gemüse

Bunt und gesund: Auberginen, Brokkoli, Erbsen, Kürbis, Möhren, Paprika und Rote Bete werden vorher gekocht oder gebacken und für die festere Konsistenz am besten mit stärkehaltigen Zutaten kombiniert: gekochten Kartoffeln, Süßkartoffeln oder Maronen, aber auch Hülsenfrüchten, Couscous, Polenta und Weißbrot. In Frischkäse-Aufstrichen sorgen roh geraspelte oder klein gewürfelte Gemüse wie Möhren und Radieschen für Frische und knackigen Biss.

5 | Hülsenfrüchte

Ihre Zubereitung ist zwar etwas zeitaufwendig, aber dafür liefern sie eine enorm wandelbare Basis für würzige Aufstriche. Getrocknete Kichererbsen, weiße und rote Bohnen müssen vor dem Kochen 6–12 Stunden einweichen. Dann garen sie zwar kürzer, aber immer noch lange: je nach Sorte 45 Minuten bis 2 Stunden. Bei Linsen entfällt das Einweichen. Für alle, die es noch eiliger haben, sind Hülsenfrüchte aus der Dose eine gute Alternative.

6 | Fleisch und Fisch

Wer es gerne herzhaft mag, ist mit selbst gemachten Fleisch- und Wurstpasten gut beraten. Lyoner, Schinken und gegarte Hähnchenbrust lassen sich in feinen Streifen zu Aufstrichen mischen, und geduldig gegartes Schweinefleisch bereichert als Rillettes die Brotzeitpalette. Wichtig: Tatar und Mett wegen der Gefahr von Salmonellenbildung immer am Tag des Einkaufs verarbeiten und bald essen. Das gilt auch für rohes Fischtatar. Verwenden Sie außerdem Lachs oder Thunfisch immer in Sushi-Qualität! Räucherfische wie Makrele und Forelle sowie Thunfisch aus der Dose lassen sich mühelos zu würzigen Aufstrichen pürieren.

7 | Früchte

… bringen Farbe und Abwechslung auf den Frühstückstisch. Frisch oder/und getrocknet eignen sie sich ideal für kalt gerührte Obstaufstriche, die im Nullkommanichts fertig sind. Auch in Verbindung mit Quark, Frischkäse, Ricotta und Mascarpone entfalten Bananen, Beeren und andere Früchte ihr süßes Aufstrich-Talent.

Passender Typ für vollen Genuss

Mit dem perfekten Brotpartner läuft der selbst gemachte Aufstrich zu aromatischer Hochform auf. Diese Brotsorten stehen für Traumpartnerschaften zur Verfügung.

Die Milden: Langweilig? Wohl kaum: Das Weizenbrotuniversum bietet eine riesige Vielfalt. Französisches Baguette in der typischen Stangenform punktet mit viel krosser Kruste und großporigem Inneren. Es wird gerne mit kräftigen Käse-, Wurst- und Gemüsepasten kombiniert. Bei dem italienischen Weißbrot Ciabatta sorgt Olivenöl im Teig für eine dünne, weiche Kruste. Es ist ein Muss zu mediterranen Aufstrichen und ideal, um es scheibchenweise für Bruschetta zu rösten. Orientalisch gewürzte Brotaufstriche finden ihre perfekte Unterlage in dem häufig mit Sesam bestreuten Fladenbrot mit seiner weichen Krume. Als Klassiker auf dem heimischen Frühstückstisch passt das leichte Weißbrot vor allem zu süßen Aufstrichen. Wer es zum nussigen oder fruchtigen Obendrauf gerne knusprig mag, greift zum Toastbrot, das sich besonders zum Rösten eignet. Ungetoastet schmeckt es mit cremig-pikanten Füllungen als Sandwich. Gemeinsam ist allen Weizenbroten, dass sie frisch am besten schmecken.

Die Herzhaften: Bei diesen Broten sorgen oft Roggenmehl und Sauerteig für den würzigen Geschmack. Bei Mischbrot spricht man je nach überwiegendem Getreideanteil von Weizen- oder Roggenmischbrot. Roggen macht den Teig aromatisch, Weizen mild. Mischbrot ist die ideale Brotzeit- und Abendbrotbasis für Brotaufstriche mit Fleisch, Quark und Käse. Krustenbrot verdankt seinen Namen der knusprigen, dunklen Kruste, die sich durch das Backen im Stein- oder Holzofen bildet. Meist handelt es sich um Roggenmischbrot mit Sauerteig. Sein herzhafter Geschmack passt zu Käse-, Wurst- und vegetarischen Brotaufstrichen. Vollkornbrot besteht zu mindestens 90 % aus Vollkornschrot oder -mehl, das kräftiger schmeckt als ausgemahlenes Mehl. Vollkornbrot eignet sich für herzhafte Brotaufstriche mit Wurst, Schinken und Ziegenkäse, ist aber auch mit Würzbutter und Fruchtaufstrichen ein Genuss.

Die Speziellen: Knäckebrot aus Skandinavien gibt es in verschiedenen Varianten, z. B. mit Weizen- oder Roggenmehl oder mit Sesam bestreut. Seine knusprige Würze passt besonders zu saftigen Quark- und Käseaufstrichen. Pumpernickel ist eine westfälische Spezialität aus mindestens 90 % Roggenvollkornschrot, das langsam in Dampfkammern gebacken wird. Das Ergebnis ist ein kompaktes, fast schwarzes Brot mit süßlich-malzigem Aroma, das hervorragend zu Aufstrichen mit Schinken, Fisch und Käse schmeckt. Daneben bieten die Bäcker jede Menge Spezialbrote an: Misch- oder Vollkornbrote mit Nüssen, Ölsaaten wie Leinsamen und Sesam, Sprossen, geraspelten Möhren und sogar Kartoffeln. Auch Soja und spezielle Getreidesorten wie Dinkel, Amaranth und Buchweizen finden Verwendung. Ob mild-aromatisch, nussig oder kräftig – viele der »Spezialisten« harmonieren mit vegetarischen und veganen Aufstrichen.

frutta del prato
ROTE BETE
14 APRIL
SCHARFER ROTER
MOJO
AUFSTRICH 10.12
PIKANTE
TOMATEN
MARMELADE
OBAZTER
APRIL

So halten Brotaufstriche möglichst lange

1 | Alles sauber!

Penible Sauberkeit und Sorgfalt sind das A und O bei der Zubereitung von hausgemachten Aufstrichen, damit sie nicht nur am Tag der Herstellung, sondern auch noch ein, zwei oder mehr Tage später gut schmecken. Indem Sie so hygienisch wie möglich arbeiten, können Sie verhindern, dass sich schädliche Keime und Schimmel rasch ausbreiten und der Aufstrich vorzeitig verdirbt. Das fängt schon bei der Auswahl der Zutaten an. Fleisch, Wurst und Fisch müssen superfrisch sein. Verwenden Sie nur Obst und Gemüse, das vollreif und makellos ist: gut waschen, trocken tupfen und gründlich putzen und verlesen. Auch Messer, Schüsseln, Schneidebretter und andere Küchenutensilien müssen picobello sauber sein – evtl. zwischendurch mehrmals unter heißem Wasser abspülen.

2 | Rein ins Glas!

Füllen Sie den fertigen Aufstrich möglichst sofort ab. Praktisch sind saubere Schraubgläser oder Kunststoffdosen mit fest schließendem Deckel. Spülen Sie die Behältnisse vorher mit heißem Wasser gründlich aus und achten Sie darauf, dass sie hitzebeständig sind, wenn Sie einen heißen Aufstrich einfüllen.

3 | Kühl aufbewahren!

Alle Aufstriche sollten möglichst rasch nach der Herstellung im Kühlschrank landen. Wie lange Sie einen Aufstrich gekühlt ungefähr aufbewahren können, steht bei den Rezepten. Die Zeitspanne variiert dabei zwischen einem Tag und mehreren Wochen. Vergessen Sie nicht, die gefüllten Gläser und Dosen zu beschriften. Ein Etikett, auf dem Inhalt und Herstelldatum vermerkt sind, verschafft Überblick.

4 | Angebrochenes rasch verbrauchen!

Entnehmen Sie einzelne Portionen aus Glas oder Dose immer mit einem sauberen Löffel und stellen Sie den Aufstrich möglichst bald wieder in den Kühlschrank. Damit angebrochene Gläser mit Nuss-, Oliven- oder pestoartigen Pasten im Kühlschrank nicht verderben: die Oberfläche glatt streichen und eine dünne Schicht Öl aufgießen. Das schützt den Inhalt vor dem Verderb durch Sauerstoff. Riecht ein Aufstrich unangenehm, oder ist er gar verschimmelt – weg damit!

5 | Ab ins Eis!

Haben Sie von einem Aufstrich etwas übrig? Dann frieren Sie die Reste ein. Das geht problemlos bei Pasten aus gekochten Hülsenfrüchten und Gemüse, z. B. mit Linsen, Kürbis und Kichererbsen. Diese können ohne Qualitätsverlust 6–8 Wochen in der Gefriertruhe lagern. Bei Bedarf schonend über Nacht im Kühlschrank auftauen und vor dem Servieren noch einmal durchrühren. Bei Pasten mit Milchprodukten und Tofu klappt das Einfrieren nicht: Sie werden wässrig. Auch Aufstriche aus frischem Gemüse oder Obst wie Avocado und Beeren sind für die Aufbewahrung im Eis nicht geeignet, weil sie dabei an Aroma verlieren. Mischen Sie deshalb auch frisch gehackte Kräuter erst vor dem Servieren unter einen aufgetauten Aufstrich.

1

2

3

Kräuterbutter-Rolle

feiner Klassiker auf Vorrat

Zubereitung: ca. 20 Min. | Kühlzeit: ca. 1 Std. | Haltbarkeit: gekühlt ca. 2 Wochen | Pro Portion: ca. 152 kcal

Für 10 Portionen (ca. 200 g)

200 g weiche Butter
1 TL Zitronensaft
Salz | Pfeffer
½ Bund gemischte Kräuter (z. B. Estragon, Petersilie, Schnittlauch, Thymian)

Außerdem

Pergamentpapier

1 Die Butter in einer Schüssel mit dem Schneebesen verrühren, bis sie glatt, aber nicht schaumig ist (**Bild 1**). Die Buttermasse mit Zitronensaft, Salz und Pfeffer würzen.

2 Die Kräuter abbrausen, abschütteln und mit Küchenpapier gut trocken tupfen. Die Blättchen von den Stängeln zupfen und fein hacken (**Bild 2**). Den Schnittlauch in feine Röllchen schneiden. Die Kräuter zur Butter geben und mit einer Gabel gründlich untermischen.

3 Ein ca. 30 × 20 cm großes Stück Pergamentpapier zurechtschneiden. Die Buttermischung in einem Streifen daraufgeben und mithilfe des Papiers zu einer Rolle formen (**Bild 3**). Die Enden wie bei einem Bonbon fest zusammendrehen und die Rolle 1 Std. im Kühlschrank fest werden lassen.

4 Vor dem Servieren die Butter aus dem Papier wickeln und in ca. ½ cm breite Scheiben schneiden. Die Kräuterbutter schmeckt auf kräftigem Roggen- oder Mischbrot, aber auch auf Weißbrot oder Toast. Übrige Butter im Kühlschrank aufbewahren oder fest in Alufolie gewickelt einfrieren.

Clever variieren

Je nach gewünschter Geschmacksrichtung können Sie statt der gehackten Kräuter auch 2 EL Püree oder Paste unter die Butter rühren, z. B. **Tomatenmark, Ajvar, Pesto, Senf, Oliven-Tapenade, Sesamtahin, Meerrettich** (aus dem Glas) oder **Wasabi** (aus der Tube). Wer es pikanter mag, mischt noch **1–2 TL Schalotte, Knoblauch** oder **Chilischote** unter, jeweils winzig klein gewürfelt. Auch **2 TL fein gehackte Kapern** verfeinern die Mischung. Weitere Rezepte für Würzbutter finden Sie auf S. 40/41.

Clever servieren

Statt als Brotaufstrich schmeckt die Kräuterbutter auch zu **Pellkartoffeln** oder als **Topping** auf gebratenen Steaks oder Fischfilets. Ebenfalls fein: Zartes Gemüse wie Möhren, Zuckerschoten und Kohlrabi darin dünsten. Oder die Buttermischung mit 5 Scheiben fein gemahlenem **Toastbrot** zu einer Paste vermischen, wie beschrieben zur Rolle formen, einwickeln und kühlen. Dann in Scheiben schneiden und vor dem Backen auf Fleisch, Fisch oder Gemüsegratins verteilen – gibt eine goldbraune, aromatische **Kruste**!

Tomaten-Baguette

ideal für Party und Büfett

Für 8 Portionen den Backofen auf 220° (Umluft 200°) vorheizen. **1 Baguette** (ca. 500 g) im Abstand von ca. 2 cm scheibenweise ein-, aber nicht durchschneiden. **Tomaten-Rosmarin-Butter** (siehe Rezept S. 40) zubereiten und großzügig in den Broteinschnitten verteilen. Das Brot fest in Alufolie wickeln und auf dem Rost im heißen Ofen (Mitte) 7–10 Min. backen.

Clever tauschen

Statt Tomaten-Rosmarin-Butter schmecken auch **Schalotten-Senf-** oder **Kräuter-Limetten-Butter** (siehe S. 40/41).

Guacamole-Wraps

mexikanische Rollen

Für 4 Portionen **1 Zwiebel** schälen, fein würfeln und in **2 EL Olivenöl** in 2–3 Min. bei mittlerer Hitze glasig dünsten. **400 g Rinderhack** zugeben und bei starker Hitze krümelig braten. **200 g passierte Tomaten** (Dose) zufügen, offen bei mittlerer Hitze ca. 10 Min. einkochen lassen. Mit **Salz**, **Pfeffer** und **Tabasco** kräftig würzen. Die **Guacamole** (siehe Rezept S. 49) zubereiten. **8 Tortillafladen** in einer Pfanne ohne Fett 15 Sek. pro Seite erwärmen. Mit der Guacamole bestreichen, das Hackfleisch darauf verteilen und mit **50 g grob geraspeltem Cheddarkäse** bestreuen. Die Tortillas einrollen.

Krebsfleisch-Tramezzini

edler Snack

Für 4 Portionen **4 Blätter Kopf- oder Friséesalat** waschen, putzen und gut trocken tupfen. **8 Scheiben Sandwichbrot** entrinden. **1 Tomate** waschen, abtrocknen und ohne Stielansatz in Scheiben schneiden. Die **Flusskrebscreme mit Erbsen** (siehe Rezept S. 95) wie beschrieben zubereiten. 4 Scheiben Brot mit je 1 Salatblatt belegen. Tomatenscheiben darauf verteilen und mit der Krebs-Mischung bedecken. Übrige Brotscheiben darauflegen, die Sandwiches mit einem scharfen Messer diagonal durchschneiden. Zum Mitnehmen je zwei Brotdreiecke fest in Frischhaltefolie einpacken.

Ziegenkäse-Crostini

fein für Gäste

Für 4 Portionen die **pikante Tomatenmarmelade** (siehe Rezept S. 62) zubereiten. Den Backofen auf 220° (Umluft nicht geeignet) vorheizen. **8 Scheiben Baguette** auf ein Blech legen, mit **1 EL frischen Thymianblättchen** bestreuen und mit **2 EL Olivenöl** beträufeln. Die Brotscheiben im heißen Ofen (Mitte) 3–4 Min. rösten. **200 g Ziegenkäserolle** in 16 Scheiben schneiden. Jede Brotscheibe mit 1 EL Tomatenmarmelade bestreichen und mit 2 Scheiben Käse belegen. Die Ziegenkäse-Crostini im heißen Ofen (Mitte) 5–7 Min. gratinieren, nach Belieben mit Thymianblättchen bestreuen und heiß servieren.

Döner-Fladenbrot

türkisch inspiriert

Für 4 Portionen den **Möhren-Sesam-Aufstrich** (siehe S. 59) zubereiten. **1 Knoblauchzehe** schälen, fein würfeln, mit **4 EL Olivenöl**, je **1 EL gehacktem Thymian** und **Oregano** und **1 TL scharfem Paprikapulver** vermischen. **400 g Putengeschnetzeltes** darin wenden. Das Fleisch in einer sehr heißen Grillpfanne unter Wenden in 4–5 Min. braun braten. **1 Fladenbrot** vierteln, die Stücke wie Taschen aufschneiden. Innen mit dem Möhrenaufstrich bestreichen, mit **6–8 Blättern Kopfsalat** und Putenstreifen füllen. Den übrigen Aufstrich daraufgeben und die Brote leicht zusammendrücken.

Gefüllte Croissants

Süßes zum Kaffee

Für 4 Portionen **½ Bio-Orange** heiß abwaschen und trocken tupfen. 1 TL Schale fein abreiben und 2 EL Saft auspressen. **125 g Mascarpone** mit Orangenschale und -saft sowie **2 EL Vanille-Mandelmus** (siehe Rezept S. 116) gut verrühren. **1 Kiwi** schälen und in dünne Scheiben schneiden. **100 g Himbeeren** verlesen, evtl. kurz abbrausen und abtropfen lassen. **4 Croissants** längs aufschneiden. Die unteren Hälften mit der Mascarponecreme bestreichen. Die Kiwischeiben und Himbeeren darauf verteilen, die oberen Hälften auflegen und die Croissants möglichst rasch servieren.

1

2

3

4

5

1 | Mini-Schalen

… aus Porzellan oder Keramik sind perfekt für kleine Portionen. Jeder Gast erhält seine eigene, gefüllt mit einem Aufstrich. Als natürliche Schälchen eignen sich auch bestens die robusten Blätter von Salaten wie Radicchio, Chicorée, Eisberg und Mini-Romana. Besonders dekorativ wirkt es, wenn Sie cremige Aufstriche mithilfe eines Spritzbeutels mit Sterntülle hineinspritzen.

2 | Filoteig-Körbchen

Kleine Förmchen aus Knusperteig machen auf Büfetts eine gute Figur. Für 12 Körbchen 6 Filoteigblätter (je ca. 30 × 30 cm) auf einem feuchten Tuch ausbreiten. 50 g Butter schmelzen, 3 der Teigblätter damit einpinseln und die übrigen darauflegen. Jedes Doppelblatt in vier gleich große Quadrate (ca. 15 × 15 cm) schneiden. Die zwölf Mulden eines Muffinblechs mit Butter einfetten. Die Teigquadrate fest hineindrücken, sodass Körbchen entstehen. Im vorgeheizten Backofen bei 200° (Umluft 180°) in 7–8 Min. goldbraun backen. Vorsichtig aus der Form lösen, abkühlen lassen und mit Aufstrich füllen.

3 | Kleine Windbeutel

Gefüllt mit grüner Roquefort- oder Hähnchencreme oder mit Krabben-Wasabi-Aufstrich, sind Windbeutel das perfekte Party-Fingerfood. Für 12 Windbeutel 250 ml Wasser, 60 g Butter und ½ TL Salz aufkochen. 150 g Mehl auf einmal in den Topf schütten und unterrühren. Bei mittlerer Hitze so lange weiterrühren, bis sich der Teig als Kloß vom Topfboden löst. In eine Schüssel umfüllen, etwas abkühlen lassen, dann nach und nach mit den Knethaken des Handrührgeräts 4 Eier (Größe M) unterrühren. Den Teig in einen Spritzbeutel mit großer Sterntülle füllen. 12 flache Tupfer (Ø ca. 5 cm) mit Abstand auf ein mit Backpapier belegtes Blech spritzen und im vorgeheizten Backofen (unten) bei 220° (Umluft 200°) ca. 30 Min. backen. Die Windbeutel auf einem Kuchengitter abkühlen lassen, dann einen flachen Deckel abschneiden. Die unteren Hälften füllen und die Deckel wieder aufsetzen.

4 | Pralinen und Nocken

Nocken aus Brotaufstrichen machen sich gut auf einem Vorspeisenteller: Stechen Sie von streichfestem Aufstrich mit einem feuchten Teelöffel Nocken ab oder formen Sie mit einem Eisportionierer Kugeln. Richten Sie die Nocken oder Kugeln auf Portionstellern an und dekorieren Sie sie mit Kräuter- oder Salatblättchen. Aus Frischkäseaufstrichen können Sie auch Frischkäsepralinen formen: Formen Sie daraus mit nassen Händen Bällchen und wenden Sie sie in frisch gemahlenem Pfeffer, Curry- oder Paprikapulver, andere in geröstetem Sesam, fein gehackten Walnüssen oder Schnittlauch. Richten Sie die Käsepralinen auf einer Platte an. Sie eignen sich gut als Kleinigkeit zum Aperitif oder als feine Vorspeise.

5 | Brot-Minis

Cracker, Pumpernickel- oder Vollkornbrot-Taler bilden die ideale Basis für würzige Butter- oder Käsemischungen. Füllen Sie die weiche Masse in einen Spritzbeutel mit Sterntülle und spritzen Sie sie auf die Brottaler. Krönen Sie die Mini-Snacks mit Kräuterblättchen.

VEGETARISCHE AUFSTRICHE

Hier wird dick aufgetragen: mit Quark, Käse, Butter und viel Gemüse. Einfach gemacht sind sie alle, diese Pasten, aber was für eine würzige Vielfalt! Pekannussbutter und Roquefortcreme eignen sich für gästefeine Snacks, Liptauer und Kartoffelkäs passen perfekt zur handfesten Brotzeit. Und für alle anderen Anlässe? Findet sich garantiert auch der richtige Aufstrich.

Bunter Rohkostaufstrich

vitaminreich | *Zubereitung: ca. 25 Min.* | *Haltbarkeit: gekühlt 3–4 Tage* | *Pro Portion: ca. 185 kcal*

Für 4 Portionen (ca. 400 g)

1 EL Sonnenblumenkerne
1 Stange Staudensellerie
1 mittelgroße Möhre
½ gelbe Paprikaschote
125 g Magerquark
75 g Mayonnaise
½ TL geriebener Meerrettich (aus dem Glas)
Salz | Pfeffer
1 TL Zitronensaft
½ Bund Schnittlauch

1 Die Sonnenblumenkerne in einer Pfanne ohne Fett goldbraun rösten. Abkühlen lassen und grob hacken. Den Sellerie waschen und putzen, die Möhre schälen und putzen. Die Paprika putzen, entkernen und waschen. Das Gemüse in sehr kleine Würfel schneiden. (Schneller geht es, wenn Sie das Gemüse in grobe Stücke schneiden und mit dem Zwiebelhacker zerkleinern.)

2 Den Quark mit der Mayonnaise und dem Meerrettich verrühren. Die Gemüsewürfelchen unterheben und die Creme mit Salz, Pfeffer und Zitronensaft abschmecken.

3 Den Schnittlauch abbrausen, trocken schütteln und in feine Röllchen schneiden, mit den Sonnenblumenkernen (bis auf 1 TL) unterheben. Mit den übrigen Kernen bestreuen. Dazu schmeckt dunkles Roggenvollkornbrot oder Bauernbrot.

Clever servieren

Die Gemüsecreme schmeckt auch als Belag auf einem **Sandwich**, z. B. mit Salatblatt und Scheiben von hart gekochtem Ei auf einem Ciabattabrötchen.

Radieschen-Quarkcreme mit Kräutern

frühlingsfrisch | *Zubereitung: ca. 15 Min.* | *Haltbarkeit: gekühlt 3–4 Tage* | *Pro Portion ca. 50 kcal*

Für 4 Portionen (ca. 300 g)

150 g Magerquark
2 EL Sahne | 1 TL Zitronensaft
Salz | Pfeffer
1 Prise Zucker
6–7 Radieschen
1 dünne Frühlingszwiebel
1/4 Beet Kresse
1/4 Bund Petersilie

Clever tauschen

Statt der Radieschen **½ jungen Kohlrabi** (ca. 100 g), geschält und geraspelt, unter den Quark heben. Zarte Kohlrabiblätter fein hacken und mit den übrigen Kräutern unter den Quark mischen – sie sind reich an Vitamin C.

1 Den Quark mit der Sahne cremig rühren und mit Zitronensaft, Salz, Pfeffer und Zucker würzen.

2 Die Radieschen waschen, putzen und auf der Rohkostreibe in feine Stifte hobeln oder schneiden. Die Frühlingszwiebel waschen, putzen und die weißen und hellgrünen Teile in feine Ringe schneiden. Die Frühlingszwiebelringe mit den Radieschen zum Sahnequark geben.

3 Die Kresse abbrausen und abschneiden. Die Petersilie waschen, trocken schütteln, die Blätter abzupfen und hacken. Die Kräuter bis auf 2 TL unter den Quark mischen. Den Aufstrich am besten ca. 10 Min. ziehen lassen, dann noch einmal durchrühren und mit Salz und Pfeffer nachwürzen. Mit den übrigen Kräutern bestreuen. Auf kräftigem Bauernbrot oder geröstetem Stangenweißbrot servieren.

Italienischer Frischkäse

für Mischbrot und Ciabatta

Für 4 Portionen (ca. 300 g) **8 getrocknete Tomaten** in Öl (aus dem Glas) in einem Sieb abtropfen lassen und in feine Streifen schneiden. **2 Handvoll Rucola** abbrausen, trocken schleudern, verlesen, grobe Stiele entfernen und die Blätter fein hacken. **2 TL kleine Kapern** abtropfen lassen. **175 g Doppelrahmfrischkäse** mit **1 EL Olivenöl** und **2 EL frisch geriebenem Parmesan** verrühren. Tomaten, Rucola und Kapern untermischen. Mit **1 TL weißem Aceto balsamico, Salz und Pfeffer** abschmecken. Nach Belieben **2 Stängel Petersilie** abspülen, trocken schütteln, die Blättchen abzupfen und fein hacken. Den Aufstrich damit bestreuen. Er hält sich gekühlt in einem verschlossenen Glas 3–4 Tage.

Mexikanischer Frischkäse

für Mischbrot und Tortillas

Für 4 Portionen (ca. 330 g) **1 EL eingelegte grüne Jalapeño-Chilis** (aus dem Glas) fein hacken. **80 g Maiskörner** (aus der Dose) auf ein Sieb abgießen, abbrausen und gut abtropfen lassen. **4 Stängel Koriandergrün** waschen, trocken schütteln, die Blättchen abzupfen und fein hacken. **½ Bio-Limette** heiß waschen, abtrocknen, die Schale abreiben und 1 TL Saft auspressen. **200 g Doppelrahmfrischkäse** mit **1 EL saurer Sahne** glatt rühren. Gehackte Chili, Maiskörner, gehackten Koriander und Limettensaft untermischen. Die Mischung mit **1 TL Chilipulver** (Gewürzmischung), **Salz** und Limettenschale würzig abschmecken. Der Aufstrich hält sich in einem verschlossenen Glas gekühlt 3–4 Tage.

Frischkäse nach Balkanart

für Roggen- oder Fladenbrot

Für 4 Portionen (ca. 240 g) **1 kleine weiße Zwiebel** schälen und fein würfeln. **1 Knoblauchzehe** schälen und hacken. Beides in **1 EL Olivenöl** in 2–3 Min. bei mittlerer Hitze glasig dünsten. **2 EL milden Ajvar** (Paprikamus, Glas) einrühren. **1 TL edelsüßes** und **¼ TL rosenscharfes Paprikapulver** zugeben und bei milder Hitze 1–2 Min. anrösten. Alles in einer Schüssel abkühlen lassen. **100 g Doppelrahmfrischkäse** und **2 EL Schmand** unterrühren. Mit **Salz** und **Pfeffer** abschmecken. **1 EL Schnittlauchröllchen** unterheben. Den Aufstrich nach Belieben mit zusätzlichen Schnittlauchröllchen bestreuen. In einem geschlossenen Gefäß hält sich der Frischkäse 3–4 Tage.

Exotischer Frischkäse

für Toast oder Baguette

Für 6 Portionen (ca. 330 g) **70 g Ananasstücke** (aus der Dose) in einem Sieb abtropfen lassen und sehr klein würfeln. (Ersatzweise frisches Ananasfruchtfleisch sehr klein würfeln und in **2 TL heißem Öl** kurz andünsten. Das zerstört die Enzyme der Ananas, die normalerweise Milchprodukte bitter werden lassen.) **1 rote Chilischote** putzen, entkernen und fein hacken. **2 dünne Frühlingszwiebeln** waschen, putzen und in feine Ringe schneiden. Ananas, Chili, Frühlingszwiebeln, **1–2 EL Limettensaft** und **1 EL süß-scharfe Chilisauce** mit **200 g Doppelrahmfrischkäse** verrühren. Die Creme mit **Salz** und **Pfeffer** abschmecken. Gekühlt in einem verschlossenen Behältnis hält sich der Aufstrich 3–4 Tage.

Liptauer Brotaufstrich

slowakisch-österreichische Spezialität

Zubereitung: ca. 25 Min. | Haltbarkeit: gekühlt 3–4 Tage | Pro Portion: ca. 120 kcal

Für 8 Portionen (ca. 460 g)

75 g weiche Butter
250 g Speisequark (20 % Fett)
3 EL Schmand
1 kleine Zwiebel
1 Salzgurke (ca. 50 g)
2 TL Kapern
1 TL mittelscharfer Senf
1 TL edelsüßes Paprikapulver
1 TL rosenscharfes Paprikapulver
½ TL gemahlener Kümmel
Salz | Pfeffer
1 kleine hellgrüne Spitzpaprika

1 Die Butter mit den Quirlen des Handrührgeräts geschmeidig rühren. Den Quark durch ein feines Sieb streichen und mit dem Schmand unter die Butter rühren.

2 Die Zwiebel schälen und fein würfeln. Die Gurke in kleine Würfel schneiden. Die Kapern fein hacken und mit den Zwiebel- und Gurkenwürfeln sowie dem Senf unter die Quarkmasse rühren. Den Aufstrich mit Paprika, Kümmel, Salz und Pfeffer würzig abschmecken.

3 Den Aufstrich in eine Schüssel füllen. Die Paprikaschote putzen, entkernen, waschen und in sehr feine Ringe schneiden. Den Liptauer zum Servieren damit bestreuen. Der Aufstrich schmeckt gut zu Bauernbrot, Schwarzbrot und Laugengebäck, kann aber auch als Dip zu Crackern oder Salzstangen gereicht werden.

Clever tauschen

Der echte Liptauer wird aus **Brimsen** hergestellt. Das ist ein Schafstopfen, der nur im Sommer erhältlich ist. Ersatzweise können Sie die Hälfte des Quarks durch **Ziegenfrischkäse** ersetzen. Besonders würzig – allerdings nicht mehr vegetarisch – wird Liptauer mit **1 TL Sardellenpaste**. Zum Servieren den Aufstrich mit **Schnittlauchröllchen** statt mit Paprikaringen garnieren.

Variante: Angemachter Käsequark

Für 6 Portionen (ca. 450 g) | **250 g Magerquark** und **150 g Sahnejoghurt** in einem Sieb ca. 30 Min. abtropfen lassen, dann in eine Schüssel geben. **100 g jungen Bergkäse** (z. B. Stilfser Käse) entrinden und grob reiben. **1 EL Butter** schmelzen, mit dem Käse zur Quarkmasse geben und alles cremig verrühren. Den Aufstrich mit **Salz, Pfeffer, ½ TL Cayennepfeffer** und **½ TL gemahlenem Kümmel** würzen. Vor dem Servieren 1 Std. kalt stellen. Zum Servieren **½ Beet Kresse** abbrausen, abschneiden, ⅔ davon unter den Quark heben und den Rest zum Bestreuen verwenden.

Obatzter mit Bärlauch

bayerisches Schmankerl

Zubereitung: ca. 20 Min. | Haltbarkeit: gekühlt ca. 7 Tage | Pro Portion: ca. 195 kcal

Für 6 Portionen (ca. 400 g)

200 g reifer Camembert
100 g Doppelrahmfrischkäse
3 EL weiche Butter
Salz | Pfeffer
¼ TL gemahlener Kümmel
½ TL edelsüßes Paprikapulver
1 Msp. Cayennepfeffer
1 Zwiebel
50 g Bärlauchblätter

1 Den Camembert entrinden und in grobe Stücke schneiden. Camembert, Frischkäse und Butter mit den Quirlen des Handrührgeräts gut verrühren und die Käsemasse mit Salz, Pfeffer, Kümmel, Paprika und Cayennepfeffer würzen.

2 Die Zwiebel schälen und fein würfeln. Den Bärlauch waschen und die Blätter ohne die harten Stängel quer in feine Streifen schneiden. Zwiebel und Bärlauch (bis auf einige Streifen) unter die Käsecreme mischen. Den Aufstrich mit den übrigen Bärlauchstreifen (oder Schnittlauchröllchen) bestreut servieren. Dazu schmecken Laugenbrezeln oder Bauernbrot und frische Radieschen.

Variante: Schafskäsecreme

Für 6 Portionen (ca. 360 g) | **200 g Schafskäse (Feta)** in Würfel schneiden und mit **100 g Doppelrahmfrischkäse** und **2 EL Olivenöl** in eine Schüssel geben. **Salz**, **Pfeffer** und **je 2 TL rosenscharfes und edelsüßes Paprikapulver** zufügen und alles mit den Quirlen des Handrührgeräts glatt rühren. **2 Frühlingszwiebeln** waschen, putzen, das Weiße und Hellgrüne in feine Ringe schneiden und ⅔ davon unter die Käsemasse rühren. Den Aufstrich mit den übrigen Frühlingszwiebelringen bestreut servieren. Dazu schmecken Fladenbrot oder Ciabatta, aber auch kleine Pellkartoffeln.

Variante: Fruchtige Käsecreme

Für 5 Portionen (ca. 300 g) | **1 EL Walnusskerne** in einer Pfanne ohne Fett rösten, bis sie duften, vom Herd nehmen und hacken. **100 g reifen Camembert** und **50 g Edelpilz-Camembert** entrinden, grob würfeln und mit dem Handrührgerät mit **50 g Doppelrahmfrischkäse** gründlich verrühren. **2 Schalotten schälen** und fein würfeln. **½ kleine Birne** (z. B. Williams Christ) waschen, vierteln und ohne Kerngehäuse in kleine Würfel schneiden. Die Würfel sofort mit **2 TL Zitronensaft** beträufeln. Die Käsemischung mit Schalotten- und Birnenwürfeln und Walnüssen (bis auf 1 TL) verrühren und mit **Salz**, **Pfeffer** und **1 TL flüssigem mildem Honig** abschmecken. Zum Servieren mit den übrigen Walnüssen bestreuen.

Leinöl-Quarkcreme

supergesund | *Zubereitung: ca. 20 Min.* | *Haltbarkeit: gekühlt 2–3 Tage* | *Pro Portion: ca. 220 kcal*

Für 6 Portionen (ca. 350 g)

250 g Speisequark (20 % Fett)
2 EL Milch | 1 TL flüssiger milder Honig
5 EL Leinöl (Reformhaus)
2 EL geschroteter Leinsamen
½ Bund gemischte Kräuter (z. B. Schnittlauch, Petersilie, Basilikum)
Meersalz | Pfeffer
1 EL Weizenkeime (Reformhaus)

1 Quark, Milch, Honig und Leinöl mit dem Schneebesen glatt verrühren. Den Leinsamen in einer Pfanne ohne Fett anrösten, bis er duftet, vom Herd nehmen und beiseitestellen. Die Kräuter abbrausen und trocken schütteln. Schnittlauch in feine Röllchen schneiden, die Blätter der übrigen Kräuter abzupfen und fein hacken.

2 Kräuter und Leinsamen (bis auf 1 TL) unter den Quark rühren, den Aufstrich mit Meersalz und Pfeffer würzen und mit übrigem Leinsamen und Weizenkeimen bestreuen. Der Aufstrich schmeckt auf Dinkel- oder kräftigem Bauernbrot.

Clever einkaufen

Geschroteter Leinsamen hält sich maximal ein halbes Jahr. Kaufen Sie daher kleine Mengen und bewahren Sie die Körner kühl auf.

Kochkäse mit Harzer

nach hessischer Art | *Zubereitung: ca. 35 Min.* | *Kühlzeit: ca. 12 Std.* | *Haltbarkeit: gekühlt ca. 3 Wochen* | *Pro Portion: ca. 165 kcal*

Für 7 Portionen (ca. 420 g)

200 g Harzer Roller | 300 g Magerquark
80 g Butter | 1 Msp. Natron | ½ TL Salz
Pfeffer | 1–2 TL Kümmelsamen (nach Belieben) | 1 Eigelb (Größe M)

1 Den Harzer Roller klein würfeln. Den Quark in einem Mulltuch leicht auspressen. In einem Topf die Butter bei milder Hitze zerlassen, den ausgedrückten Quark zugeben und unter Rühren aufkochen lassen. Die Käsewürfel einstreuen und langsam schmelzen lassen; dabei ständig weiterrühren, damit nichts anbrennt.

2 Wenn der Käse fast geschmolzen ist, das Natron und das Salz zufügen und untermischen. Vorsicht – die Masse fängt an zu schäumen! Ca. 10 Min. rühren, bis die Masse geschmeidig ist. Den Käse vom Herd nehmen und mit Pfeffer und nach Belieben Kümmel abschmecken. So lange rühren, bis sich keine Bläschen mehr zeigen.

3 Das Eigelb verquirlen und unterziehen. Den heißen Kochkäse in Twist-off-Gläser füllen und sofort verschließen. Abkühlen lassen und am besten über Nacht in den Kühlschrank stellen. Der Kochkäse schmeckt besonders gut mit Zwiebelwürfeln in Essig-Öl-Marinade auf Bauernbrot.

oben: Kochkäse mit Harzer | unten: Leinöl-Quarkcreme

Grüne Roquefortcreme

auch fein zu frischen Feigen

Für 4 Portionen (ca. 250 g) ½ **Bund Petersilie** abbrausen, trocken schütteln, die Blätter abzupfen und grob hacken. **150 g Roquefort** in kleine Würfel schneiden. Den Käse mit **2 EL Mascarpone**, **2 EL Milch** und der Petersilie (bis auf 1 TL) in eine hohe Rührschüssel geben und mit dem Pürierstab glatt mixen. Die Creme mit wenig **Salz** und mit **Pfeffer** würzen. **1 EL Pistazien** fein hacken und bis auf 1 TL unter die Creme mischen. Den Aufstrich mit restlicher Petersilie und den Pistazien garnieren. Die Roquefortcreme passt sehr gut zu frischem Stangenweißbrot oder Baguette. Sie hält sich in einem geschlossenen Glas im Kühlschrank 3–4 Tage.

Würzige Käsecreme

englischer »Potted Cheese«

Für 1 Glas oder 1 Form à ca. 300 ml (6 Portionen) **230 g Cheddarkäse oder mittelalten Gouda** entrinden und fein würfeln. Den Käse mit **70 g weicher** Butter in den Blitzhacker geben. **1 TL scharfen Senf**, **¼ TL Cayennepfeffer** und **¼ TL frisch geriebene Muskatnuss** dazugeben und alles fein zerkleinern. **3 EL trockenen Sherry oder Weißwein** dazugießen und alles cremig rühren. Die Masse in das Glas oder die Form streichen. **1 EL Butterschmalz** zerlassen und über den Käse träufeln. Die Mischung ca. 30 Min. kalt stellen. Die Käsecreme schmeckt am besten zu warmem Toastbrot oder Crackern. Sie hält sich gekühlt in einem geschlossenen Glas 3–4 Wochen.

Ziegen-käseaufstrich

orangenaromatisch

Für 4 Portionen (ca. 300 g) **250 g Ziegenfrischkäse** mit **1–2 EL Milch oder Buttermilch** cremig rühren. **¼ Bund Petersilie** waschen, trocken schütteln, abzupfen, fein hacken und untermischen. **1 Bio-Orange** heiß waschen und trocknen, ein Viertel der Schale dünn abschneiden und sehr fein würfeln. **2 getrocknete Tomaten** (in Öl) klein würfeln. **½ EL Rosmarinnadeln** fein schneiden. **1 Knoblauchzehe** schälen und fein hacken, mit Orangenschale, Tomaten, Rosmarin und 1 EL Tomatenöl (aus dem Glas) verrühren. Mit **Salz** und **Pfeffer** kräftig würzen. Die Tomatenmischung unter den Käse ziehen. Dazu schmeckt Ciabatta oder Baguette. Gekühlt hält sich der Aufstrich ca. 4 Tage.

Gorgonzola-Walnuss-Creme

rucolawürzig

Für 4 Portionen (ca. 280 g) **100 g Gorgonzola** mit einer Gabel fein zerdrücken und mit **100 g Magerquark** cremig rühren. Dann **3 EL Walnusskerne** ohne Fett in einer Pfanne rösten, bis sie duften. Im Blitzhacker fein hacken. **30 g Rucola** waschen, trocken schleudern, grobe Stiele entfernen, Blätter (bis auf einige zum Garnieren) fein hacken. **1 kleine Zwiebel oder 1 Schalotte** schälen und fein würfeln und mit dem Rucola und den Nüssen (bis auf 1 TL) unter die Käsemischung heben. Die Creme mit **Salz**, **Pfeffer** und **1 TL Zitronensaft** würzen und mit Rucola und Nüssen garnieren. Dazu schmeckt Bauernbrot oder Ciabatta. Die Gorgonzola-Walnuss-Creme hält sich gekühlt ca. 5 Tage.

Tomaten-Mozzarella-Aufstrich

Klassiker mal anders

Zubereitung: ca. 20 Min. | Kühlzeit: ca. 30 Min. | Haltbarkeit: gekühlt 2–3 Tage | Pro Portion: ca. 140 kcal

Für 4 Portionen (ca. 340 g)

3 reife Tomaten (ca. 250 g)
1 Schalotte
125 g Mozzarella
2 EL Tomatenmark
12 Blätter Basilikum
1 TL getrocknete italienische Kräuter
1 EL Olivenöl
Salz | Pfeffer

1 Die Tomaten waschen, halbieren, den Stielansatz und das gallertartige Innere entfernen und das Fruchtfleisch in kleine Würfel schneiden. Die Schalotte schälen, den Mozzarella abtropfen lassen und beides fein würfeln.

2 Zwei Drittel der Tomatenwürfel, Schalotte, Mozzarella und Tomatenmark in eine hohe Rührschüssel oder in den Mixer geben. 10 Basilikumblätter kurz abbrausen, trocknen, grob hacken und mit den italienischen Kräutern und dem Olivenöl hinzufügen. Alles mit dem Pürierstab oder im Mixer glatt pürieren. Mit Salz und Pfeffer kräftig würzen.

3 Die übrigen Tomatenwürfel zum Schluss unterheben. Den Aufstrich vor dem Servieren ca. 30 Min. kalt stellen. Mit den übrigen Basilikumblättern garnieren. Dazu passt Weißbrot, Ciabatta oder Fladenbrot.

Steinpilz-Petersiliencreme

Pesto mit Pilzwürze

Zubereitung: ca. 25 Min. | Einweichen: ca. 20 Min. | Haltbarkeit: gekühlt 1–2 Wochen | Pro Portion: ca. 210 kcal

Für 6 Portionen (ca. 240 g)

20 g getrocknete Steinpilze
1 kleines Bund Petersilie
40 g Pecorino (ersatzweise Parmesan)
1 Knoblauchzehe
Meersalz
6 EL Olivenöl
Pfeffer

1 Die Pilze in 200 ml heißem Wasser ca. 20 Min. quellen lassen. Inzwischen die Petersilie waschen, trocken schütteln, die Blätter abzupfen und grob hacken. Den Pecorino fein reiben. Die Knoblauchzehe schälen und grob hacken.

2 Die Steinpilze in ein Sieb abgießen und die Einweichflüssigkeit dabei auffangen. Die Pilze mit einem Löffel sehr gut ausdrücken und grob hacken. Die Einweichflüssigkeit durch einen Kaffeefilter gießen.

3 Steinpilze, Petersilie, Knoblauch und Salz in eine hohe Rührschüssel geben und mit dem Pürierstab fein pürieren. Nach und nach 5 EL Steinpilzsud und das Olivenöl einlaufen lassen, bis eine homogene Masse entstanden ist. Den Käse dazugeben und kurz untermischen. Den Aufstrich mit Salz und Pfeffer abschmecken. Er passt zu Weißbrot, aber auch zu Backkartoffeln oder Nudeln. Zum Aufbewahren die Paste immer mit einer Schicht Öl bedecken.

Kerniger Kürbisaufstrich

steirischer Klassiker

Zubereitung: ca. 1 Std. | Kühlzeit: ca. 30 Min. | Haltbarkeit: gekühlt 4–5 Tage | Pro Portion: ca. 80 kcal

Für 6 Portionen (ca. 375 g)

200 g Kürbis (z. B. Hokkaido)
1 kleine Zwiebel
2 EL Butter
5 EL Gemüsefond oder -brühe (aus dem Glas oder Instant)
2 EL Kürbiskerne
2 EL Crème fraîche
2 dünne Frühlingszwiebeln
Salz | Pfeffer
1 Msp. Cayennepfeffer
1–2 TL Kürbiskernöl (nach Belieben)

1 Den Kürbis gründlich waschen. Kerne und faseriges Inneres entfernen und das Fruchtfleisch mit Schale in ca. 1 cm große Würfel schneiden. Die Zwiebel schälen und in feine Würfel schneiden.

2 Die Butter in einem Topf erhitzen und die Zwiebeln darin in 2–3 Min. bei mittlerer Hitze glasig dünsten. Den Kürbis zugeben und 2–3 Min. mitdünsten. Die Brühe zufügen, aufkochen und die Kürbiswürfel zugedeckt bei milder Hitze in ca. 15 Min. weich garen.

3 Inzwischen die Kürbiskerne in einer Pfanne ohne Fett rösten, bis sie sich aufblasen. Vom Herd nehmen, in einer Schüssel etwas abkühlen lassen und fein hacken. 1–2 TL zum Garnieren beiseitestellen.

4 Die gegarten Kürbiswürfel etwas abkühlen lassen und durch die »Flotte Lotte« oder die Kartoffelpresse in eine Schüssel geben. Das Kürbispüree mit der Crème fraîche gut verrühren. Die Frühlingszwiebeln waschen, putzen, weiße und hellgrüne Teile in feine Würfel schneiden und bis auf 1 TL mit den Kürbiskernen unterrühren.

5 Das Kürbispüree mit Salz, Pfeffer, Cayennepfeffer und nach Belieben Kürbiskernöl abschmecken. Mit den übrigen Kürbiskernen und den Frühlingszwiebeln bestreuen. Vor dem Servieren im Kühlschrank ca. 30 Min. ziehen lassen. Der Kürbisaufstrich schmeckt besonders gut mit Vollkorn-Baguette, Ciabatta oder Schwarzbrot, er passt aber auch als Beigabe zu Ofen- oder Pellkartoffeln.

Clever tauschen

100 g Kürbis durch **1 mittelgroße mehligkochende Kartoffel** ersetzen. Diese schälen und würfeln, mit dem Kürbis zu den gedünsteten Zwiebeln geben. Den Aufstrich wie rechts zubereiten.

Rote-Bete-Aufstrich

***süßlich-mild** | Zubereitung: ca. 45 Min. | Kühlzeit: ca. 30 Min. | Haltbarkeit: gekühlt 3–4 Tage | Pro Portion: ca. 115 kcal*

Für 6 Portionen (ca. 380 g)

200 g junge Rote Beten
50 g Sonnenblumenkerne
Salz | 2 ½ EL Instant-Couscous
1 EL geriebener Meerrettich (aus dem Glas)
100 g Schmand | Pfeffer
1–2 TL Rotweinessig

Clever tauschen

Sie können die frischen auch durch bereits vorgegarte, **vakuumverpackte Rote Beten** ersetzen; dann entfällt das Kochen. Den Couscous mit 5 EL kochend heißem Wasser übergießen und ca. 5 Min. quellen lassen. Rote Beten und Couscous mit den übrigen Zutaten pürieren.

1 Die Roten Beten putzen, schälen und ca. 1 cm groß würfeln. Die Würfel mit den Sonnenblumenkernen in einen Topf geben, mit 150 ml Salzwasser bedecken, zum Kochen bringen und bei milder Hitze zugedeckt in ca. 20 Min. weich dünsten.

2 Den Couscous unter das Gemüse rühren und auf der abgeschalteten Herdplatte noch ca. 5 Min. quellen lassen. Die Gemüsemischung abgießen, etwas abkühlen lassen und in eine hohe Rührschüssel geben. Alles mit dem Pürierstab zu einer glatten Creme pürieren.

3 Meerrettich und Schmand unterrühren und die Creme mit Salz, Pfeffer und Essig abschmecken. Den Aufstrich vor dem Servieren ca. 30 Min. kalt stellen. Er schmeckt auf Bauernbrot und Laugenbrezeln, aber auch zu Pellkartoffeln.

Spinataufstrich mit Feta

orientalisch | *Zubereitung: ca. 30 Min.* | *Kühlzeit: ca. 20 Min.* | *Haltbarkeit: gekühlt 2–3 Tage* | *Pro Portion: ca. 145 kcal*

Für 6 Portionen (ca. 380 g)

250 g zarter Blattspinat
1 Schalotte
1 Knoblauchzehe
1 dünne Stange Staudensellerie
2 EL Olivenöl
2 EL Pinienkerne
Salz | Pfeffer
2–3 TL Zitronensaft
120 g Schafskäse (Feta)
2 EL Sahnejoghurt

1 Den Spinat putzen, waschen, tropfnass in einen Topf geben und bei mittlerer Hitze zugedeckt in 2–3 Min. zusammenfallen lassen. In einem Sieb abtropfen lassen, ausdrücken und sehr fein hacken.

2 Inzwischen Schalotte und Knoblauch schälen und fein hacken. Den Sellerie waschen, putzen, entfädeln und klein würfeln. Schalotte, Knoblauch und Sellerie in einer Pfanne im Öl 2–3 Min. bei mittlerer Hitze andünsten. Pinienkerne und Spinat dazugeben, alles salzen und pfeffern und unter Rühren 4–5 Min. weiterdünsten. Mit dem Zitronensaft beträufeln und etwas abkühlen lassen.

3 Den Käse mit einer Gabel zerdrücken, mit dem Joghurt verrühren und die Spinatmischung unterheben. Den Aufstrich mit Salz und Pfeffer abschmecken und ca. 20 Min. kalt stellen. Dazu passt Fladenbrot.

Kartoffelaufstrich

kräuterfrisch

Zubereitung: ca. 40 Min. | Kühlzeit: ca. 1 Std. | Haltbarkeit: gekühlt 3–4 Tage | Pro Portion: ca. 55 kcal

Für 4 Portionen (ca. 380 g)

200 g mehligkochende Kartoffeln
100 g Brokkoliröschen
1 kleine Zwiebel
1 EL Olivenöl | Salz
2 EL halbfetter Frischkäse
Pfeffer
frisch geriebene Muskatnuss
½ Bund gemischte Kräuter (z. B. Petersilie, Basilikum, Thymian)

1 Die Kartoffeln schälen und grob würfeln. Brokkoli waschen, putzen und in feine Röschen teilen. Zwiebel schälen, fein würfeln und im heißen Öl in 2–3 Min. bei mittlerer Hitze glasig dünsten. Kartoffeln zugeben, mit Salzwasser bedecken, aufkochen und zugedeckt ca. 20 Min. garen. Nach ca. 15 Min. Garzeit den Brokkoli zufügen.

2 Einige Brokkoliröschen herausnehmen, das übrige Gemüse abgießen und mit dem Kartoffelstampfer zermusen. Den Frischkäse unterrühren. Die Mischung mit Salz, Pfeffer und Muskat würzen. Die Brokkoliröschen unterheben.

3 Die Kräuter abbrausen und trocken schütteln. Die Blättchen abzupfen, fein hacken und unterrühren. Den Aufstrich im Kühlschrank 1 Std. durchkühlen lassen, danach bei Bedarf nachwürzen. Er passt besonders gut zu Nuss- oder Sonnenblumenbrot.

Griechische Variante: Skordalia

Für 6 Portionen (ca. 600 g) | **200 g mehligkochende Kartoffeln** waschen, in Salzwasser in 25–30 Min. weich kochen, abgießen, pellen und etwas abkühlen lassen. **2 Scheiben Weißbrot** vom Vortag (50 g) in kaltem Wasser kurz einweichen, ausdrücken. **3 Knoblauchzehen** schälen, grob hacken und mit **½ TL Meersalz** im Mörser fein zerstoßen. Kartoffeln zerstampfen. Mit Brot, Knoblauch, **100 g Sahnejoghurt**, **4–5 EL Olivenöl** und **1 EL Zitronensaft** verrühren. Den Aufstrich mit **Salz** und **Pfeffer** kräftig würzen und 1–2 Std. im Kühlschrank kalt stellen. Dazu schmeckt Weißbrot.

Bayerische Variante: Kartoffelkäs

Für 5 Portionen (ca. 450 g) | **200 g mehligkochende Kartoffeln** waschen, in Salzwasser 25–30 Min. kochen, abgießen, ausdampfen lassen, dann sofort pellen und durch die Kartoffelpresse drücken. **1 kleine Zwiebel** schälen, fein würfeln und in **1 EL zerlassener Butter** in 2–3 Min. glasig dünsten. Mit **150 g Crème fraîche** unter das Püree heben. Mit **¼ TL gemahlenem Kümmel**, **½ TL getrocknetem Majoran, Salz, Pfeffer, frisch geriebener Muskatnuss** und **1 TL Essig** abschmecken. Ca. 20 Min. kühlen und zu Laugenbrezeln servieren.

Eiersalataufstrich

wandelbarer Klassiker

Zubereitung: ca. 25 Min. | Haltbarkeit: gekühlt 2–3 Tage | Pro Portion: ca. 120 kcal

Für 4 Portionen (ca. 300 g)

2 Eier (Größe M)
50 g TK-Erbsen
2 EL Mayonnaise
1 EL Sahnejoghurt
1 TL mittelscharfer Senf
30 g kleine weiße Champignons
¼ kleiner roter Apfel (z. B. Elstar)
Salz | Pfeffer
2 TL Zitronensaft
3 Stängel Dill

1 Die Eier anstechen und in kochendem Wasser in ca. 10 Min. hart kochen, kalt abschrecken und auskühlen lassen. Die Erbsen mit kochendem Wasser überbrühen und ca. 3 Min. ziehen lassen, anschließend auf ein Sieb abgießen und gut abtropfen lassen.

2 Inzwischen die Mayonnaise mit Joghurt und Senf verrühren. Die Champignons abreiben, putzen und klein würfeln. Den Apfel waschen und ohne Kerngehäuse in kleine Würfel schneiden. Beides sofort mit der Senfmayonnaise mischen.

3 Die Eier pellen, klein würfeln und mit den Erbsen unter die Mischung heben. Den Eiersalat mit Salz, Pfeffer und Zitronensaft abschmecken. Den Dill abbrausen, trocken schütteln, ohne die groben Stängel hacken und untermischen. Der Eiersalataufstrich schmeckt besonders gut auf würzigem Krusten- oder Bauernbrot.

Variante: Pesto-Eier-Aufstrich

Für 5 Portionen (ca. 370 g) | **2 Eier** (Größe M) in ca. 10 Min. hart kochen, pellen und klein würfeln. **100 g zarten Kohlrabi** schälen, ca. 0,5 cm groß würfeln und in kochendem Salzwasser ca. 2 Min. blanchieren. Abgießen, abschrecken und abtropfen lassen. **1 Tomate** waschen, halbieren, entkernen und das Fruchtfleisch klein würfeln. **2 EL Mayonnaise**, **1 EL Sahnejoghurt**, **2 TL Basilikumpesto** (aus dem Glas) und **1 TL Weißweinessig** verrühren, salzen und pfeffern. **4 Stängel Basilikum** abbrausen, trocken schütteln, die Blätter fein hacken. Alle Zutaten mischen.

Variante: Curry-Eier-Creme

Für 6 Portionen (ca. 400 g) | **2 Eier** (Größe M) in ca. 10 Min. hart kochen, pellen und klein würfeln. Je **2 EL Mayonnaise** und **Schmand** mit **1 TL scharfem Currypulver** und **1 Prise Zucker** verrühren. **2 Frühlingszwiebeln** waschen, putzen, hellgrüne und weiße Teile fein schneiden. Das Fruchtfleisch von **½ reifen Avocado** mit einem Löffel aus der Schale lösen, ca. 0,5 cm groß würfeln und mit **2 TL Limettensaft** beträufeln. **4 Stängel Koriandergrün** abbrausen, trocken schütteln, die Blätter hacken. Alles verrühren, salzen und pfeffern. Der Aufstrich passt gut zu Fladenbrot.

Schalotten-Senf-Butter

süßlich-scharf

Für 4 Portionen (ca. 175 g) **1 Schalotte** schälen, fein würfeln und in **1 EL Öl** in einer kleinen Pfanne unter Rühren in 2–3 Min. bei mittlerer Hitze glasig dünsten. **1 TL flüssigen milden Honig** unterrühren und abkühlen lassen. **125 g weiche Butter** mit den Quirlen des Handrührgeräts cremig rühren. **1 EL körnigen Senf, 1 TL Cognac oder Weinbrand** (nach Belieben) und die Schalottenmischung unterrühren. Die Butter mit **Salz, Pfeffer** und **1–2 TL Zitronensaft** würzig abschmecken und vor dem Servieren ca. 1 Std. kalt stellen. Sie passt gut zu Bauern- und Zwiebelbrot. Im Kühlschrank hält sie sich 2–3 Wochen, eingefroren bis zu 3 Monate.

Tomaten-Rosmarin-Butter

mediterrane Mischung

Für 4 Portionen (ca. 150 g) **1 Zweig Rosmarin** abbrausen, trocken schütteln, die Nadeln abstreifen und fein hacken. **40 g getrocknete Tomaten** (in Öl) abtropfen lassen, trocken tupfen und in sehr kleine Würfel schneiden. **½ Knoblauchzehe** schälen und fein hacken. **125 g weiche Butter** mit den Quirlen des Handrührgeräts cremig rühren. Tomaten, Knoblauch, Rosmarin, **2 TL Tomatenmark** und **½ TL Pizzagewürz** unterrühren und die Mischung mit Salz und Pfeffer abschmecken. Vor dem Servieren ca. 1 Std. kalt stellen. Die Butter schmeckt zu frischem Ciabatta, Baguette oder Fladenbrot. Im Kühlschrank hält sie sich 2–3 Wochen.

Kräuter-Limetten-Butter

frisch und knoblauchwürzig

Für 4 Portionen (ca. 150 g) **1 Bio-Limette** heiß waschen, trocken reiben, die Schale abreiben und 1–2 TL Saft auspressen. **6 Stängel Petersilie** und **½ Bund Schnittlauch** abbrausen und trocken schütteln. Die Petersilienblättchen abzupfen und fein hacken, den Schnittlauch in Röllchen schneiden. **1 Knoblauchzehe** schälen und winzig klein würfeln. **125 g weiche Butter** mit den Quirlen des Handrührgeräts cremig rühren, Limettenschale und -saft sowie Kräuter und Knoblauch unterrühren und die Mischung salzen und pfeffern. Die Butter vor dem Servieren ca. 1 Std. abgedeckt kalt stellen. Sie passt zu Toast oder Weißbrot. Im Kühlschrank hält sie sich 2–3 Wochen.

Pekan-Chili-Butter

Genuss mit Nuss

Für 4 Portionen (ca. 200 g) **60 g Pekannusskerne** in einer Pfanne ohne Fett rösten, bis sie duften. Vom Herd nehmen, abkühlen lassen und fein hacken. **1 rote Chilischote** längs halbieren, die Kerne entfernen, die Hälften waschen und winzig klein würfeln. **125 g weiche Butter** mit den Quirlen des Handrührgeräts cremig rühren. Die Nüsse und die Chiliwürfel dazugeben, gut untermischen und mit **Salz** und **Pfeffer** würzen. Die Butter vor dem Servieren ca. 1 Std. in den Kühlschrank stellen. Sie passt gut zu Stangenweißbrot, aber auch zu Walnuss- oder Mischbrot. Im Kühlschrank hält sie sich 1–2 Wochen, eingefroren bis zu 3 Monate.

Bohnen-Walnuss-Paste

schön scharf

Zubereitung: ca. 30 Min. | Kühlzeit: ca. 30 Min. | Haltbarkeit: gekühlt 3–4 Tage | Pro Portion: ca. 165 kcal

Für 8 Portionen (ca. 450 g)

1 Dose weiße Bohnen (250 g Abtropfgewicht)
1 Zwiebel
2 Knoblauchzehen
6 Zweige Thymian
4 EL Olivenöl
60 g Walnusskerne
2 EL türkischer oder griechischer Sahnejoghurt
Salz | Pfeffer
1–2 EL Zitronensaft
½–1 TL Pul biber (scharfe Paprikaflocken)
1 rote Chilischote

1 Die Bohnen in ein Sieb abgießen, kalt abbrausen und sehr gut abtropfen lassen. Zwiebel und Knoblauch schälen und fein würfeln. Den Thymian abbrausen, trocken schütteln und die Blättchen abzupfen.

2 In einem Topf 2 EL Olivenöl erhitzen und die Zwiebeln und den Knoblauch darin ca. 1 Min. andünsten. Abgetropfte Bohnen und zwei Drittel des Thymians zufügen und ca. 5 Min. bei mittlerer Hitze mitdünsten.

3 Inzwischen die Nüsse in einer Pfanne ohne Fett rösten, bis sie duften, vom Herd nehmen und hacken. Bohnen und Walnüsse in eine hohe Rührschüssel geben und mit dem Pürierstab grob pürieren. Das übrige Olivenöl und den Joghurt untermischen. Das Püree mit Salz, Pfeffer, Zitronensaft und Pul biber kräftig abschmecken. Die Creme vor dem Servieren ca. 30 Min. im Kühlschrank ziehen lassen.

4 Vor dem Servieren die Chilischote putzen, entkernen, waschen, in feine Streifen schneiden und mit dem übrigen Thymian auf den Aufstrich streuen. Dazu schmeckt Fladenbrot oder Pumpernickel.

Variante: Chili-sin-Carne-Aufstrich

Für 6 Portionen (ca. 475 g) | **1 Dose Kidneybohnen** (250 g Abtropfgewicht) abgießen, abbrausen und abtropfen lassen. **1 Knoblauchzehe** schälen und hacken. **1 rote Chilischote** putzen, entkernen, waschen und fein würfeln. Beides mit den Bohnen, **2 EL saurer Sahne** und **2 EL Limettensaft** mit dem Pürierstab glatt pürieren. Die Mischung mit **Salz**, **Pfeffer**, **1 EL Chilipulver** (Gewürzmischung) und etwas abgeriebener **Bio-Limettenschale** würzen. **1 rote Spitzpaprika** putzen und sehr fein würfeln. **3 EL Maiskörner** (aus der Dose) abbrausen und abtropfen lassen. **1 Frühlingszwiebel** waschen, putzen und in feine Ringe schneiden und mit Paprika und Mais unterrühren. Den Aufstrich mit **Salz** und **Pfeffer** abschmecken und vor dem Servieren ca. 30 Min. kalt stellen. Er hält sich gekühlt 3–4 Tage.

VEGANE AUFSTRICHE

Was bleibt, wenn man außer Wurst auch Käse und Quark weglässt? Jede Menge Raum für Kreativität! Die kommt bei diesen rein pflanzlichen Cremes und Pasten voll zum Zuge. Ob cremig mit Avocado und Tofu, würzig mit Pilzen und Kräutern oder sättigend mit Hülsenfrüchten und Nüssen – eins ist klar: Fehlen tut hier gar nichts. Außer vielleicht genügend Platz auf dem Brot.

Tofu-Tomaten-Aufstrich

mit mediterranem Touch

Zubereitung: ca. 20 Min. | Kühlzeit: ca. 30 Min. | Haltbarkeit: gekühlt 3–4 Tage | Pro Portion: ca. 135 kcal

Für 6 Portionen (ca. 380 g)

200 g Naturtofu
1 mittelgroße Tomate
1 kleine Zwiebel
1 Knoblauchzehe
3 EL Olivenöl
3 EL Tomatenmark
1 EL Weißweinessig
Salz | Pfeffer
1 TL edelsüßes Paprikapulver
einige Basilikumblätter

1 Den Tofu abtropfen lassen, trocken tupfen und in kleine Würfel schneiden. Die Tomate waschen und ohne Stielansatz ebenfalls würfeln. Die Zwiebel und die Knoblauchzehe schälen und fein hacken.

2 Zwiebel und Knoblauch in einer Pfanne in 1 EL Olivenöl bei mittlerer Hitze in 2–3 Min. glasig dünsten. Tomaten und Tofu zufügen und unter Rühren 2–3 Min. mitbraten. Das Tomatenmark zugeben und alles ca. 3 Min. unter ständigem Rühren weiterbraten. Die Mischung vom Herd nehmen und etwas abkühlen lassen.

3 Die Tofumischung in eine hohe Rührschüssel geben, übriges Olivenöl und Essig zugeben und alles mit dem Pürierstab glatt pürieren. Mit Salz, Pfeffer und Paprikapulver würzen. Den Aufstrich vor dem Servieren im Kühlschrank ca. 30 Min. ziehen lassen. Mit Basilikum garnieren. Dazu passt Ciabatta und Fladenbrot gut.

Frühlingskräuter-Tofu-Creme

leicht und würzig

Zubereitung: ca. 20 Min. | Kühlzeit: ca. 20 Min. | Haltbarkeit: gekühlt 2–3 Tage | Pro Portion: ca. 45 kcal

Für 4 Portionen (ca. 240 g)

200 g Seidentofu (Reformhaus)
3 EL Sojacreme (Sahneersatz aus Sojabohnen)
1 TL Zitronensaft
1 TL scharfer Senf
2 TL Johannisbrotkernmehl (z. B. Biobin, Reformhaus)
2 dünne Frühlingszwiebeln
1 Bund gemischte Kräuter (z. B. Sauerampfer, Dill, Petersilie, Schnittlauch, Kresse, Estragon)
Salz | Pfeffer

1 Die Flüssigkeit vom Seidentofu abgießen. Den Tofu mit Sojacreme, Zitronensaft, Senf und Johannisbrotkernmehl in eine hohe Rührschüssel geben und mit dem Pürierstab zu einer glatten Creme pürieren.

2 Die Frühlingszwiebeln waschen und putzen die weißen und hellgrünen Teile in feine Ringe schneiden. Die Kräuter abbrausen, trocken schütteln, die Blätter abzupfen und fein hacken. Den Schnittlauch in feine Röllchen schneiden.

3 Frühlingszwiebeln (nach Belieben 1 EL zum Garnieren zurückbehalten) und Kräuter unter die Tofucreme heben und alles mit Salz und Pfeffer herzhaft abschmecken. Den Aufstrich vor dem Servieren ca. 20 Min. im Kühlschrank durchziehen lassen und evtl. nachwürzen. Zum Servieren nach Belieben mit den übrigen Frühlingszwiebeln bestreuen. Die Creme schmeckt zu Schwarz- oder Roggenbrot, aber auch zu Pellkartoffeln.

Guacamole

Liebling der Mexikaner | Zubereitung: ca. 15 Min. | Haltbarkeit: gekühlt ca. 1 Tag | Pro Portion: ca. 265 kcal

Für 4 Portionen (ca. 400 g)

2 reife Avocados | 2 EL Limettensaft
1 Tomate | 1 Schalotte
1 Knoblauchzehe (nach Belieben)
1 rote Chilischote | ½ Bund Koriandergrün
Salz | Pfeffer

1 Die Avocados halbieren, die Steine entfernen und das Fruchtfleisch mit einem Löffel aus der Schale heben. Das Avocadofruchtfleisch sofort mit dem Limettensaft beträufeln und mit einer Gabel zu einer glatten Creme zerdrücken.

2 Die Tomate waschen, halbieren, Stielansatz und gallertartiges Inneres entfernen und das Fruchtfleisch fein würfeln. Die Schalotte und, falls verwendet, die Knoblauchzehe schälen und sehr fein hacken. Die Chilischote längs halbieren, putzen, entkernen, waschen und winzig klein würfeln. Das Koriandergrün abbrausen, trocken schütteln, die Blätter abzupfen und grob hacken.

3 Tomaten-, Schalotten- und eventuell Knoblauchwürfel, Chili und Koriandergrün unter die Avocadocreme mischen. Die Guacamole mit Salz und Pfeffer abschmecken. Der Aufstrich schmeckt nicht nur gut auf Weißbrot oder Fladenbrot, Sie können ihn auch zum Füllen von Soft-Tortillas verwenden oder Tortillachips hineindippen.

Variante: Paprika-Guacamole

Für 5 Portionen (ca. 500 g) | Das Fruchtfleisch von **2 reifen Avocados** auslösen und mit 2 EL Limettensaft zerdrücken. **Je ½ rote und gelbe Paprikaschote** putzen, waschen und fein würfeln. **3 Frühlingszwiebeln** waschen, putzen, die weißen und hellgrünen Teile fein würfeln. Beides mit **2 EL süß-scharfer Chilisauce** und **½ Bund grob gehacktem Koriandergrün** unter das Avocadopüree mischen, **salzen** und **pfeffern**.

Variante: Tofu-Avocado-Creme

Für 4 Portionen (ca. 400 g) | Das Fruchtfleisch von **2 reifen Avocados** auslösen, zerdrücken und mit **2 EL Zitronensaft** mischen. **100 g Seidentofu** (Reformhaus) unterrühren. Mit **Salz**, **Pfeffer** und **Tabasco** abschmecken. **1 Schalotte** schälen, fein würfeln. **½ Bund Petersilie** waschen, trocknen, Blättchen hacken. Beides unterheben.

Variante: Erbsen-Avocado-Creme

Für 4 Portionen (ca. 400 g) | **200 g TK-Erbsen** in Salzwasser ca. 3 Min. kochen, dann eiskalt abschrecken und abtropfen lassen. **1 reife Avocado** halbieren, entsteinen, das Fruchtfleisch herauslöffeln und mit der Hälfte der Erbsen und **3 EL Limettensaft** mit dem Pürierstab pürieren. **1 kleine Zwiebel oder Schalotte** schälen, **1 rote Chilischote** putzen, waschen und die Samen entfernen. Beides fein hacken und untermischen. Die Creme mit **Salz** und **Pfeffer** abschmecken. **½ Bund Koriandergrün** waschen, trocknen, die Blättchen hacken und mit den restlichen Erbsen unterheben.

Erdnussmus

einfach und variabel

Für 1 Glas à 160 ml (4 Portionen) **200 g ungeschälte Erdnüsse** aus der Schale brechen, dabei auch die braunen Häutchen entfernen. Die Erdnüsse (ca. 150 g) in einer trockenen Pfanne bei mittlerer Hitze unter Rühren goldgelb rösten. Etwas abkühlen lassen, dann mit **3 EL Erdnuss- oder Rapsöl** und **1 TL Meersalz** in den Blitzhacker oder Mixer geben und so lange pürieren, bis eine glatte Creme entstanden ist. Diese Basispaste nach Belieben mit **Currypulver** oder **Cayennepfeffer** abschmecken. Die Erdnusscreme hält sich in einem verschlossenen Schraubglas im Kühlschrank 3–4 Wochen. Sie schmeckt auf Weißbrot, Toast oder Knäckebrot.

Tahin – Sesammus

Basis für Orient-Aufstriche

Für 1 Glas à 140 g (4 Portionen) **125 g geschälte Sesamsamen** in einer trockenen Pfanne bei mittlerer Hitze goldgelb rösten, bis sie duften. Abkühlen lassen, dann im Mixer oder Blitzhacker fein pürieren. Die Paste mit **1–2 TL Meersalz** würzen und mit **1–2 EL kalt gepresstem, hellem (nicht geröstetem) Sesamöl** zu einer streichfähigen Paste verrühren. Tahin hält sich in einem Twist-off-Glas im Kühlschrank 3–4 Wochen. Das Sesammus schmeckt gut zu Fladen- oder Weißbrot.

Nichtvegane Variante: Joghurt-Tahin

Für 6 Portionen (ca. 360 g) | **2–3 EL Tahin** mit **2 TL flüssigem mildem Honig, 2 EL Olivenöl, 2 EL Zitronensaft, 200 g Sahnejoghurt** mischen. **1 zerdrückte Knoblauchzehe** und **½ Bund gehackte Petersilie** untermischen, salzen und pfeffern.

Kürbiskern-aufstrich

raffiniert mit Oliven

Für 1 Glas à 300 ml (5 Portionen) **150 g Kürbiskerne** in einer Pfanne ohne Fett rösten, bis sie duften. Herausnehmen und abkühlen lassen. **75 g grüne Oliven** entsteinen und hacken. Die Kürbiskerne mit Oliven, **4 EL Olivenöl**, **3 EL Kürbiskernöl** und **1 EL Zitronensaft** in einen Mixbecher oder in den Blitzhacker geben und alles zu einer glatten Creme pürieren. Mit **Salz** und **Pfeffer** abschmecken. Den Aufstrich in ein Schraubglas füllen und verschließen. Er hält sich im Kühlschrank ca. 1 Woche. Zu dem Kürbiskernaufstrich passen Ciabattabrötchen, frisch geröstetes Weißbrot oder Mischbrot.

Sonnenblumen-kernpaste

senfwürzig

Für 1 Glas à 300 ml (5 Portionen) **150 g Sonnenblumenkerne** mit **300 ml kochendem Wasser** übergießen und über Nacht quellen lassen. Dann die Kerne auf einem Sieb kurz abbrausen und sehr gut abtropfen lassen. Mit **75 ml Sojacreme** (Sahneersatz auf Sojabasis), **1 EL scharfem Senf** und **1 EL weißem Aceto balsamico** im Mixer oder mit dem Pürierstab zu einer glatten Creme pürieren. Den Aufstrich mit **Salz** und **Pfeffer** kräftig würzen und vor dem Servieren ca. 20 Min. kalt stellen. Er hält sich in einem verschlossenen Schraubglas gekühlt 3–4 Tage und schmeckt auf Roggen- oder Mischbrot. Wer mag, rührt zusätzlich **gehackte Kräuter** oder feine **Apfel- und Frühlingszwiebelwürfel** unter.

Roter Mojo

wie auf den Kanaren | *Zubereitung: ca. 30 Min.* |
Haltbarkeit: gekühlt ca. 2 Wochen |
Pro Portion: ca. 210 kcal

Für 4 Portionen (ca. 300 g)

2 rote Paprikaschoten | 1 rote Chilischote | 2 Knoblauchzehen | 3–4 Scheiben Weißbrot (ca. 100 g) | 1 EL Weißweinessig | 1 TL gemahlener Kreuzkümmel (Cumin) | 3 EL Olivenöl | Meersalz | Pfeffer

1 Den Backofengrill vorheizen. Die Paprikaschoten vierteln, putzen und mit der Hautseite nach oben auf ein Backblech legen. Unter dem Grill (oben) 8–10 Min. rösten, bis die Haut schwarz wird und Blasen wirft. Die Paprika mit einem feuchten Tuch abdecken und ca. 10 Min. abkühlen lassen.

2 Inzwischen die Chilischote längs halbieren, putzen, die Samen entfernen, die Schote waschen und fein würfeln. Die Knoblauchzehen schälen und fein würfeln. Die Rinde vom Weißbrot abschneiden und das Brot in kleine Würfel schneiden.

3 Die Paprika häuten und grob würfeln. Paprika, Chili, Knoblauch und Brot in den Mixer oder eine hohe Rührschüssel geben. Essig, Kreuzkümmel, Öl und 1 TL Salz hinzufügen und alles mit dem Pürierstab glatt pürieren. Die Paste mit Salz und Pfeffer abschmecken. Der Aufstrich passt zu Weißbrot oder Ciabatta, aber auch gut zu kleinen neuen Pellkartoffeln.

Grüner Mojo

korianderwürzig | *Zubereitung: ca. 25 Min.* |
Kühlzeit: ca. 1 Std. | *Haltbarkeit: gekühlt ca. 2 Wochen* |
Pro Portion: ca. 205 kcal

Für 6 Portionen (ca. 350 g)

1 grüne Paprikaschote
½ Bund Koriandergrün
½ Bund Petersilie
2 Knoblauchzehen
Meersalz | Pfeffer
4 EL Weißweinessig
100 ml Olivenöl
75 g frisch geriebene Semmelbrösel

1 Die Paprikaschote halbieren, putzen, entkernen, waschen und klein schneiden. Die Kräuter abbrausen, trocken schütteln, die Blätter hacken. Den Knoblauch schälen und in feine Würfel schneiden.

2 Paprika, Kräuter und Knoblauch mit 1 TL Salz, ½ TL Pfeffer und Essig mit dem Pürierstab fein pürieren. Öl und Semmelbrösel untermixen, bis eine streichfähige Paste entstanden ist. Den Mojo mit Salz und Pfeffer abschmecken und ca. 1 Std. durchziehen lassen. Grüner Mojo passt zu Weißbrot und zu kleinen Pellkartoffeln.

Clever aufbewahren

Den Mojo mit etwas **Olivenöl bedeckt** im Kühlschrank aufbewahren. Das Geheimnis, um ihn noch haltbarer zu machen: einige Minuten kochen.

links: Grüner Mojo | rechts: Roter Mojo

Ratatouille-Aufstrich

französischer Klassiker zum Streichen

Zubereitung: ca. 25 Min. | Haltbarkeit: gekühlt ca. 5 Tage | Pro Portion: ca. 135 kcal

Für 5 Portionen (ca. 500 g)

150 g Zucchini
je ½ rote und gelbe Paprikaschote
1 kleine rote Zwiebel
1 Knoblauchzehe
3 Zweige Thymian
1 kleiner Zweig Rosmarin
3 EL Olivenöl
2 EL Tomatenmark
125 ml Gemüsefond oder -brühe (aus dem Glas oder Instant)
1 TL Aceto balsamico
100 g Kirschtomaten
Salz | Pfeffer
4–6 Basilikumblätter

1 Die Zucchini waschen, putzen und in ca. 0,5 cm kleine Würfel schneiden. Die Paprikaschoten mit dem Sparschäler schälen, putzen und ebenfalls fein würfeln. Zwiebel und Knoblauch schälen und fein hacken. Thymian und Rosmarin waschen und trocken schütteln, Blättchen bzw. Nadeln abstreifen und fein schneiden.

2 Das Öl in einer Pfanne erhitzen. Zwiebel, Knoblauch und Paprika darin bei mittlerer Hitze unter Rühren ca. 3 Min. dünsten. Die Zucchini dazugeben und 1–2 Min. mitdünsten. Tomatenmark, Fond oder Brühe und Essig und die Kräuter einrühren. Alles offen bei milder Hitze ca. 5 Min. sämig schmoren lassen.

3 Inzwischen die Tomaten waschen, vierteln, untermischen und ca. 1 Min. mitgaren. Alles salzen, pfeffern und lauwarm abkühlen lassen. Das Basilikum kurz waschen und trocken tupfen, den Aufstrich damit garnieren. Er schmeckt besonders gut auf gerösteten Scheiben Baguette.

Variante: Kürbis-Tomaten-Aufstrich

Für 6 Portionen (ca. 370 g) | **250 g Hokkaidokürbis** schälen, entkernen und winzig klein würfeln. **1 kleine Zwiebel** schälen, **1 rote Chilischote** putzen, entkernen, waschen, beides fein würfeln. Zwiebel in **3 EL Olivenöl** glasig dünsten, Kürbiswürfel und Chili zugeben, 2–3 Min. bei milder Hitze unter Rühren anbraten. **1 EL Tomatenmark** einrühren, kurz anschwitzen. **200 g stückige Tomaten** (Dose) und **1 TL gehackten frischen Rosmarin** untermischen. Alles offen bei milder Hitze in ca. 5 Min. sämig einkochen lassen. Mit **2 TL weißem Aceto balsamico, Salz** und **Pfeffer** würzen. Abgekühlt servieren.

Tipp für Nicht-Veganer

Den Ratatouille-Aufstrich nach Geschmack mit **frisch gehobeltem Parmesan** bestreuen. So schmeckt er noch würziger. Die Späne am besten mit einem Sparschäler oder einem kleinen Messer vom Stück schneiden.

1

2

3

Auberginen-Tahin-Paste

orientalisch minzefrisch

Zubereitung: ca. 30 Min. | Backen: ca. 35 Min. | Haltbarkeit: gekühlt 3–4 Tage | Pro Portion ca. 130 kcal

Für 6 Portionen (ca. 380 g)

2 Auberginen (ca. 500 g)
2 EL Olivenöl
2 EL Zitronensaft
2 Knoblauchzehen
2 Scheiben Weißbrot vom Vortag (ca. 50 g)
2 EL Tahin (Sesampaste; selbst gemacht, siehe S. 50, oder Fertigprodukt)
4 Stängel Minze
1 rote Chilischote
Salz | Pfeffer
½ EL Schwarzkümmel (türkischer Laden)

Außerdem:

Öl für das Backblech

1 Den Backofen (außer bei Umluft) auf 200° vorheizen. Ein Backblech einölen. Die Auberginen längs halbieren. Die Schnittflächen mit 1 EL Olivenöl bestreichen und die Auberginen mit der Hautseite nach oben auf das Blech legen (**Bild 1**). Im heißen Backofen (unten, Umluft 180°) in 30–35 Min. weich backen.

2 Die Auberginen herausnehmen, etwas abkühlen lassen und das Fruchtfleisch mit einem Löffel herauskratzen (**Bild 2**). Mit dem Zitronensaft in eine Rührschüssel geben. Knoblauch schälen und grob hacken. Das Weißbrot klein würfeln. Beides mit übrigem Öl und Tahin dazugeben und alles mit dem Pürierstab glatt pürieren (**Bild 3**).

3 Die Minze abbrausen und trocken schütteln, die Blättchen abzupfen und (bis auf ein paar) grob hacken. Die Chilischote putzen, entkernen, waschen und fein würfeln. Beides unterheben und den Aufstrich salzen und pfeffern. Zum Servieren mit Kümmel und übriger Minze garnieren. Zu der Paste schmeckt frisches Fladenbrot.

Variante: Auberginen-Paprika-Paste

Für 7 Portionen (ca. 500 g) | Den Backofengrill vorheizen. **1 Aubergine** längs halbieren, die Schnittflächen mit **1 EL Olivenöl** bestreichen. **2 rote Paprikaschoten** vierteln und entkernen. Aubergine und Paprika mit der Hautseite nach oben auf ein Blech legen und unter dem Grill (oben) 8–10 Min. rösten, bis die Haut schwarze Blasen wirft. Das Gemüse herausnehmen, ca. 5 Min. mit einem feuchten Tuch bedeckt abkühlen lassen, häuten und grob schneiden. **80 g Walnusskerne** grob hacken, mit dem Gemüse, **3 TL Tomatenmark** und **3 EL Olivenöl** in einer hohen Rührschüssel mit dem Pürierstab pürieren. **4 EL Semmelbrösel** unterrühren und die Paste mit **2–3 TL Harissa** (orientalische Chilipaste), **3–4 EL Zitronensaft**, **2 Msp. Zimtpulver** und **Salz** würzen. **2–3 EL gehacktes Koriandergrün** unterheben.

Erbsen-Basilikum-Creme

schmeckt Kindern |
Zubereitung: ca. 25 Min. | *Kühlzeit: ca. 30 Min.* |
Haltbarkeit: gekühlt ca. 3 Tage | *Pro Portion ca. 185 kcal*

Für 4 Portionen (ca. 250 g)

1 Schalotte | 1 kleine Knoblauchzehe |
3 EL Olivenöl | 200 g TK-Erbsen |
2 EL Gemüsefond oder -brühe (aus dem Glas oder Instant) | ½ TL Johannisbrotkernmehl (z. B. Biobin, Reformhaus) | Salz | Pfeffer |
1–2 TL Zitronensaft | 4 Stängel Basilikum

1 Schalotte und Knoblauch schälen und fein würfeln. Beides in 1 EL Öl in einem Topf bei mittlerer Hitze in 2–3 Min. glasig dünsten. Die gefrorenen Erbsen dazugeben, mit Fond oder Brühe aufgießen, aufkochen und zugedeckt bei milder Hitze 4–5 Min. dünsten.

2 Die Erbsen mit der Flüssigkeit in eine hohe Rührschüssel geben und mit dem Pürierstab fein pürieren. Das übrige Olivenöl in dünnem Stahl dazugießen und das Bindemittel unterrühren. Die Creme mit Salz, Pfeffer und Zitronensaft abschmecken, abkühlen lassen und ca. 30 Min. kalt stellen.

3 Das Basilikum kurz abbrausen, trocken schütteln und die Blättchen grob hacken. Unter die erkaltete Erbsencreme ziehen. Dazu passt Ciabatta oder Baguette.

Möhren-Sesam-Aufstrich

türkischer Klassiker | *Zubereitung: ca. 30 Min.* |
Haltbarkeit: gekühlt 2–3 Tage | *Pro Portion: ca. 145 kcal*

Für 4 Portionen (ca. 330 g)

400 g Möhren
250 ml Gemüsebrühe (Instant)
2 EL geschälte Sesamsamen
1 Prise Zucker
je ½ TL gemahlener Ingwer
Kreuzkümmel (Cumin) und Koriander
Salz | Pfeffer
2 EL Zitronensaft
1–2 EL Olivenöl
3 Stängel Petersilie

1 Die Möhren schälen, putzen, in kleine Würfel schneiden und mit der Brühe bedeckt bei mittlerer Hitze in 7–8 Min. weich kochen. Inzwischen den Sesam in einer Pfanne ohne Fett goldbraun rösten und abkühlen lassen.

2 Die Möhren in ein Sieb abgießen und im Mixer oder mit dem Pürierstab glatt pürieren. Die Creme mit Salz, Gewürzen und Zucker abschmecken und abkühlen lassen.

3 Zitronensaft und Olivenöl unterrühren. Die Petersilie abbrausen, trocken schütteln, die Blättchen abzupfen und hacken. Petersilie und Sesam (bis auf 1 TL) unterziehen. Die Creme mit dem übrigen Sesam bestreuen. Dazu schmeckt Fladenbrot.

links: Erbsen-Basilikum-Creme | rechts: Möhren-Sesam-Aufstrich

Kräuterseitling-aufstrich

italienisch angehaucht | *Zubereitung: ca. 30 Min.* | *Haltbarkeit: gekühlt ca. 5 Tage* | *Pro Portion: ca. 220 kcal*

Für 6 Portionen (ca. 330 g)

300 g Kräuterseitlinge (ersatzweise braune Champignons bzw. Egerlinge) | 1 Frühlingszwiebel | 1 Knoblauchzehe | 4–5 Stängel Petersilie | 3 Zweige Thymian | 5–6 EL Olivenöl | 2 EL gehackte Walnusskerne | Salz | Pfeffer

1 Die Pilze putzen, abreiben und in kleine Würfel schneiden. Die Frühlingszwiebel waschen, putzen, weiße und hellgrüne Teile in feine Ringe schneiden. Die Knoblauchzehe schälen und klein würfeln. Die Kräuter abbrausen, trocken schütteln, die Blätter abzupfen und getrennt fein hacken.

2 In einer Pfanne 2 EL Öl erhitzen, Frühlingszwiebeln, Knoblauch und Walnüsse darin bei mittlerer Hitze unter Rühren 1–2 Min. braten. Pilze und Thymian zugeben und bei starker Hitze ca. 5 Min. weiterbraten, bis die Flüssigkeit verdampft ist.

3 Zwei Drittel der Pilzmischung in einer hohen Rührschüssel fein pürieren. 3–4 EL Olivenöl dazugießen, bis eine streichfähige Paste entsteht. Die übrige Pilzmasse und die Petersilie unterheben. Den Aufstrich mit Salz und Pfeffer kräftig würzen. Er schmeckt auf geröstetem Weißbrot oder Baguette.

Variante: Shiitakepilzcreme

Für 4 Portionen (ca. 270 g) | **1 Zwiebel** und **1 Knoblauchzehe** schälen und fein hacken. **200 g Shiitakepilze** putzen, die Stiele entfernen, die Hüte abreiben. **100 g Champignons** putzen, abreiben. Beide Pilzsorten in dünne Scheiben schneiden. Zwiebel und Knoblauch in einer Pfanne in **2 EL Öl** in 2–3 Min. glasig dünsten. Die Pilze dazugeben und bei starker Hitze 4–5 Min. braten, bis die Flüssigkeit verdampft ist. Alles in eine hohe Rührschüssel geben, **1 EL Hefeflocken** (Reformhaus), **2 EL Sojacreme** (Sahne-Ersatz auf Sojabasis), **2 TL Johannisbrotkernmehl** (Reformhaus) dazugeben und alles mit dem Pürierstab fein pürieren. Mit **3 TL Sojasauce**, **Salz** und **Pfeffer** abschmecken. Der Aufstrich schmeckt auf Knäckebrot, eignet sich aber auch als Basis für Suppen und Saucen. Er hält sich ca. 5 Tage.

Nichtvegane Variante: Pilz-Käse-Aufstrich

Für 6 Portionen (ca. 340 g) | **300 g braune Champignons** (Egerlinge) putzen, abreiben und in feine Scheiben schneiden. **1 Möhre** schälen, putzen und würfeln. Beides in **2 EL Butter** kurz andünsten. Mit **3 EL Gemüsebrühe** ablöschen und zugedeckt bei milder Hitze 5–8 Min. dünsten. Alles in einer Rührschüssel mit **70 g fein geriebenem Comté oder Bergkäse** fein pürieren. Mit **Salz** und **Pfeffer** abschmecken. Der Aufstrich passt zu Baguette oder Toast und hält sich gut verschlossen im Kühlschrank 5–6 Tage.

Pikante Tomatenmarmelade

raffiniert fruchtig

Zubereitung: ca. 50 Min. | Backzeit: ca. 20 Min. | Haltbarkeit: gekühlt 2–3 Wochen | Pro Portion: ca. 225 kcal

Für 6 Portionen (ca. 250 g)

600 g reife Tomaten
6 Knoblauchzehen
1 EL Olivenöl
6 EL Rotweinessig
3 EL flüssiger milder Honig
2 EL Zucker
1 ½ EL Tomatenmark
Salz | Pfeffer

1 Backofen (außer bei Umluft) auf 220° vorheizen. Tomaten waschen, vom Stielansatz befreien, waagrecht halbieren, entkernen und mit der Schnittfläche nach oben in eine ofenfeste Form legen. Knoblauchzehen ungeschält dazugeben, alles mit dem Öl beträufeln und im Ofen (unten, Umluft 200°) ca. 20 Min. backen.

2 Herausnehmen, etwas abkühlen lassen. Knoblauch aus der Haut pressen, Tomaten grob zerschneiden. Beides in einem Topf mit dem Pürierstab leicht stückig zerkleinern, mit Essig, Honig, Zucker und Tomatenmark verrühren und bei mittlerer Hitze offen ca. 30 Min. einkochen lassen, bis die Masse eindickt. Gelegentlich umrühren. Die Tomatenmarmelade mit Salz und Pfeffer abschmecken, heiß in Twist-off-Gläser füllen und verschließen. Sie schmeckt zu gerösteten Ciabattascheiben und Nicht-Veganern auch zu Ziegenkäse und kaltem Fleisch.

Knoblauchpaste mit Kräutern

ein Muss für Knoblauchfans

Zubereitung: ca. 30 Min. | Backzeit: ca. 45 Min. | Haltbarkeit: gekühlt 2–3 Tage | Pro Portion: ca. 150 kcal

Für 4 Portionen (ca. 240 g)

8 junge Knoblauchknollen
1 großer Zweig Rosmarin
8 Zweige Thymian
1 TL Meersalz
2 EL Olivenöl
2–3 Msp. abgeriebene Schale von 1 Bio-Zitrone
2 TL Zitronensaft
Salz | Pfeffer
4 Stängel Petersilie

1 Den Backofen (außer bei Umluft) auf 200° vorheizen. Die Knoblauchstiele knapp über der Knolle abschneiden, die Außenhaut jeder Knolle viermal von oben nach unten einschneiden und zurückschlagen, sodass die Zehen freiliegen. Die Knollen in eine ofenfeste Form legen. Rosmarin und Thymian abbrausen, trocken schütteln, Blätter bzw. Nadeln abstreifen und mit dem Meersalz darüberstreuen. Den Knoblauch mit dem Öl beträufeln und im Ofen (Mitte, Umluft 180°) ca. 45 Min. backen. Dabei mehrmals mit Flüssigkeit aus der Form begießen.

2 Knoblauch herausnehmen, abkühlen lassen und aus den Häuten drücken. Mit den Kräutern aus der Form, Zitronenschale und -saft, Salz und Pfeffer gut vermischen oder pürieren. Die Petersilie abbrausen, trocken schütteln, Blätter fein hacken und unterheben. Der Aufstrich schmeckt auf geröstetem Brot und als Nudelsauce.

Süßkartoffel-Chili-Aufstrich

exotische Kombination

Zubereitung: ca. 30 Min. | Backen: ca. 25 Min. | Kühlzeit: ca. 1 Std. | Haltbarkeit: gekühlt ca. 5 Tage | Pro Portion: ca. 195 kcal

Für 4 Portionen (ca. 300 g)

400 g Süßkartoffeln (am besten orangefleischig)
½–1 rote Chilischote
1 Stück Ingwer (ca. 2 cm)
1 Knoblauchzehe
6 Zweige Thymian
Salz | 2 EL Olivenöl
6 EL ungesüßte Kokosmilch (aus der Dose)
1 EL Instantpolenta (Maisgrieß)
Pfeffer | 1–2 TL Limettensaft
4 Stängel Koriandergrün

Außerdem

Backpapier für das Blech

1 Den Backofen (außer bei Umluft) auf 200° vorheizen. Die Süßkartoffeln schälen und ca. 2 cm groß würfeln. Die Chili putzen, entkernen, waschen und fein hacken. Ingwer und Knoblauch schälen und klein würfeln. Den Thymian abbrausen und trocken schütteln. Die Blättchen abstreifen, mit Chili, Ingwer, Knoblauch, Salz und Öl mischen. Die Süßkartoffelwürfel darin wenden, auf einem Blech mit Backpapier verteilen und im heißen Ofen (Mitte, Umluft 180°) ca. 25 Min. backen.

2 Herausnehmen und etwas abkühlen lassen. Alles in eine hohe Rührschüssel geben, die Kokosmilch zufügen und die Mischung mit dem Pürierstab fein pürieren. Die Polenta unterrühren und die Creme mit Salz, Pfeffer und Limettensaft abschmecken. Das Koriandergrün abbrausen, trocken schütteln, Blätter abzupfen, hacken und unterrühren. Den Aufstrich ca. 1 Std. im Kühlschrank ziehen lassen. Er schmeckt gut auf Weißbrot oder als Füllung für Tortillas.

Variante: Süßkartoffel-Schnittlauch-Creme

Für 6 Portionen (ca. 440 g) | **400 g Süßkartoffeln** schälen und ca. 1 cm groß würfeln. **1 kleine Zwiebel** und **1 Knoblauchzehe** abziehen, fein hacken und in **2 EL Olivenöl** in 2–3 Min. bei mittlerer Hitze glasig dünsten. Süßkartoffeln kurz andünsten, mit **50 ml Gemüsebrühe** (Instant) aufgießen. Zugedeckt unter gelegentlichem Rühren ca. 25 Min. bei mittlerer Hitze weich kochen. Abgießen, ausdampfen lassen und mit dem Kartoffelstampfer zerdrücken. **1 EL Minutenpolenta** (Maisgrieß) unterrühren, abkühlen lassen. Das Püree mit **Salz, Pfeffer**, ½ **TL rosenscharfem Paprikapulver** und **1–2 TL Apfel-Aceto-balsamico** abschmecken. ½ **Bund Schnittlauch** abbrausen, trocken schütteln und in feine Röllchen schneiden, unterrühren. Den Aufstrich 1 Std. kalt stellen. Er schmeckt gut zu Zwiebel- oder Graubrot.

Rote-Linsen-Aufstrich

nach indischer Art

Zubereitung: ca. 30 Min. | Kühlzeit: ca. 30 Min. | Haltbarkeit: gekühlt ca. 7 Tage | Pro Portion ca. 120 kcal

Für 6 Portionen (ca. 400 g)

1 kleine Zwiebel
1 Knoblauchzehe
1 Stück Ingwer (ca. 1 cm)
1 Möhre
2 EL Erdnussöl (ersatzweise Rapsöl)
100 g rote Linsen
1 EL Tomatenmark
2 TL Garam masala (indische Gewürzmischung)
½ TL gemahlener Koriander
200 ml Gemüsebrühe
Salz | Pfeffer
2–3 TL Zitronensaft
½ Bund Koriandergrün

1 Zwiebel, Knoblauchzehe und Ingwerwurzel jeweils schälen und fein würfeln. Die Möhre schälen, putzen und ebenfalls in kleine Würfel schneiden.

2 Das Öl in einem Topf erhitzen. Zwiebel, Knoblauch und Ingwer darin unter Rühren bei mittlerer Hitze 1–2 Min. andünsten. Linsen und Möhre zugeben und ca. 1 Min. mitdünsten. Tomatenmark, Garam masala und Koriander einrühren und kurz anschwitzen. Alles mit der Brühe ablöschen und zugedeckt bei mittlerer Hitze 10–12 Min. garen, bis die Linsen anfangen zu zerfallen. Vom Herd nehmen, mit Salz, Pfeffer und Zitronensaft abschmecken.

3 Das Koriandergrün waschen, trocken schütteln, Blättchen abzupfen, hacken und unterheben. Den Aufstrich vor dem Servieren ca. 30 Min. kalt stellen. Dazu schmecken Chapati oder Naan (indische Fladenbrote), aber auch Stangenweißbrot oder türkisches Fladenbrot.

Balsamico-Linsen-Aufstrich

französisch-italienische Liaison

Zubereitung: ca. 50 Min. | Kühlzeit: ca. 30 Min. | Haltbarkeit: gekühlt ca. 7 Tage | Pro Portion: ca. 125 kcal

Für 6 Portionen (ca. 350 g)

1 kleine Zwiebel
1 Knoblauchzehe
100 g Lauch
2 EL Olivenöl
100 g grüne Le-Puy-Linsen (ersatzweise Berglinsen)
300 ml Gemüsebrühe
4 EL Aceto balsamico
2 TL Zucker
1 TL frisch gehackter Thymian
4 Stängel Petersilie
Salz | Pfeffer

1 Zwiebel und Knoblauch schälen. Den Lauch putzen und waschen. Alles fein würfeln und im heißen Öl bei mittlerer Hitze 2–3 Min. unter Rühren andünsten. Die Linsen zugeben und kurz mitdünsten. Die Mischung mit der Brühe aufgießen, aufkochen und die Linsen zugedeckt bei milder Hitze in 25–30 Min. sehr weich kochen.

2 Inzwischen Essig, Zucker und Thymian in einem kleinen Topf bei starker Hitze sirupartig einkochen lassen (auf etwa die Hälfte). Abkühlen lassen.

3 Die Linsen samt Gemüse in ein Sieb abgießen, sehr gut abtropfen lassen und zusammen mit dem Balsamico-Sirup mit dem Pürierstab glatt pürieren. Die Petersilie waschen, trocken schütteln, fein hacken und (bis auf 1 EL) unterrühren. Den Aufstrich mit Salz und Pfeffer abschmecken und vor dem Servieren ca. 30 Min. kalt stellen. Mit übriger Petersilie bestreuen. Dazu passt italienisches Landbrot.

Kichererbsenpüree mit Curry

erdnusscremig

Zubereitung: ca. 40 Min. | Einweichzeit: ca. 12 Std. | Garzeit: 1 Std. 30 Min. | Haltbarkeit: ca. 5 Tage | Pro Portion: ca. 240 kcal

Für 6 Portionen (ca. 500 g)

150 g getrocknete Kichererbsen
1 Zwiebel
1 Stange Staudensellerie
½ Bund Petersilie
4 Knoblauchzehen
4 EL Olivenöl
1–2 TL scharfes Currypulver
½ TL gemahlene Kurkuma
½ TL gemahlener Kreuzkümmel (Cumin)
3 EL Zitronensaft
3 EL Erdnussmus | Salz
Pfeffer | 1 Frühlingszwiebel

Clever tauschen

Wenn es schnell gehen muss, können Sie auch **1 Dose Kichererbsen** (260 g Abtropfgewicht) verwenden. Hülsenfrüchte abgießen, abspülen und in einem hohen Gefäß mit den übrigen Zutaten fein pürieren.

1 Die Kichererbsen über Nacht in kaltem Wasser einweichen. Am nächsten Tag in ein Sieb abgießen und in einem Topf mit frischem Wasser bedeckt langsam aufkochen.

2 Inzwischen die Zwiebel ungeschält halbieren. Den Sellerie waschen, putzen und grob teilen. Petersilie abbrausen und trocken schütteln. 4 Stängel Petersilie, die Zwiebelhälften, den Sellerie und die ungeschälten Knoblauchzehen mit in den Topf geben. Die Kichererbsen zugedeckt bei milder Hitze in 1–1 ½ Std. weich kochen.

3 Die Kichererbsen abgießen, vom Kochwasser 7 EL auffangen. Den Knoblauch aus der Haut lösen, Zwiebel, Sellerie und Petersilie entfernen und wegwerfen. Die Kichererbsen mit dem aufgefangenen Kochwasser und dem Knoblauch pürieren. 1 EL Öl in einer kleinen Pfanne erhitzen. Die Gewürze darin 1–2 Min. unter Rühren bei milder Hitze anrösten. Die Mischung mit übrigem Öl, Zitronensaft und Erdnussmus gut unter das Kichererbsenpüree rühren. Die Creme mit Salz und Pfeffer abschmecken.

4 Die Frühlingszwiebel waschen, putzen und fein würfeln. Übrige Petersilie abzupfen und fein hacken. Den Aufstrich in eine Schüssel füllen, mit Frühlingszwiebel und Petersilie bestreuen. Dazu passt Fladenbrot.

Variante: Hummus

Für 6 Portionen (ca. 440 g) | **150 g getrocknete Kichererbsen** wie oben über Nacht einweichen, kochen und pürieren. Mit **3 EL Olivenöl**, **3 EL Zitronensaft** und **3 EL Tahin** (Sesampaste) zu einer glatten Paste verrühren, mit **½ TL gemahlenem Kreuzkümmel** (Cumin) und **Salz** abschmecken. **2 EL Olivenöl** erhitzen, **1 TL edelsüßes Paprikapulver** darin auflösen. Das Hummus mit dem Paprikaöl beträufeln und zu Weißbrot servieren.

AUFSTRICHE MIT FLEISCH UND FISCH

Hauptsache gut drauf! Bei Rezepten mit Hackfleisch, Schinken, Wurst und Räucherfisch schneiden Liebhaber herzhafter Genüsse schon mal das Brot auf. Doch längst nicht alle Rezepte kommen deftig daher: Wo Schinken ein inniges Bündnis mit Artischocken eingeht, wo Flusskrebse oder Jakobsmuscheln im Spiel sind, werden Aufstriche zur gästefeinen Delikatesse.

Tataraufstrich mit Kapern

pikant | *Zubereitung: ca. 15 Min.* | *Haltbarkeit: gekühlt ca. 1 Tag* | *Pro Portion: ca. 150 kcal*

Für 4 Portionen (ca. 300 g)

2 Schalotten
3 Cornichons
2 TL Kapern
1 Sardellenfilet in Salzlake (aus dem Glas)
3 Stängel Kräuter (z. B. Petersilie, Schnittlauch, Estragon)
200 g Rindertatar (aus Hüftsteak)
1 EL Olivenöl
½ TL mittelscharfer Senf
Salz | Pfeffer
¼ Beet Kresse (nach Belieben)

1 Die Schalotten schälen und genau wie die Cornichons fein würfeln. Die Kapern fein hacken. Das Sardellenfilet abspülen und ebenfalls hacken. Die Kräuter abbrausen, trocken schütteln, die Blätter abzupfen und fein hacken.

2 Das Tatar in eine Schüssel geben. Schalotten- und Cornichonwürfel, gehackte Kapern, Sardellen, Kräuter, Olivenöl und Senf dazugeben und alles mit den Händen gut verkneten. Mit Salz und Pfeffer kräftig würzen. Vor dem Servieren nach Belieben die Kresse vom Beet schneiden und das Tatar damit bestreuen. Der Aufstrich schmeckt auf Roggen- oder Vollkornbrot, aber auch auf Toast.

Variante: Thunfisch-Tatar

Für 4 Personen (etwa 240 g) | **200 g frisches Thunfischfilet** (in Sushi-Qualität) mittelfein würfeln. **3 Cornichons** fein würfeln. **1 Knoblauchzehe** schälen und fein hacken. Alles mit **1 EL Schnittlauchröllchen**, **1 TL mittelscharfem Senf**, **1 TL Öl**, **Salz** und **Pfeffer** verkneten.

Zwiebelmett

rustikal | *Zubereitung: ca. 20 Min.* | *Haltbarkeit: gekühlt 1–2 Tage* | *Pro Portion: ca. 170 kcal*

Für 4 Portionen (ca. 300 g)

50 g geräucherter roher Schinken | 1 kleine Zwiebel | 1 TL Fenchelsamen | ½ rote Chilischote | 2 Zweige Oregano | 3 Stängel Petersilie | 200 g Schweinemett | 1 TL edelsüßes Paprikapulver | Salz | Pfeffer

Außerdem

½ Zwiebel (nach Belieben)

Clever einkaufen

Schweinemett ist leicht verderblich: am besten sofort nach dem Einkauf verarbeiten und gut kühlen.

1 Den Schinken in kleine Würfel schneiden. Die Zwiebel schälen und fein würfeln. Die Fenchelsamen im Mörser zerdrücken. Die Chilischote längs halbieren, putzen, entkernen, waschen und fein würfeln. Oregano und Petersilie abbrausen, trocken schütteln, die Blätter abzupfen und fein hacken. Nach Belieben ein paar Petersilienblättchen zum Dekorieren zurückbehalten.

2 Alle vorbereiteten Zutaten – Schinken, Zwiebeln, Fenchel, Chili, Oregano und Petersilie – mit dem Schweinemett in eine Schüssel geben und mit den Händen gut vermischen. Mit Paprikapulver, Salz und Pfeffer kräftig würzen. Falls verwendet, die Zwiebelhälfte schälen und in feine Ringe schneiden. Den Mettaufstrich auf Brötchen, Bauernbrot oder Baguettescheiben streichen und nach Belieben mit Zwiebelringen und gehackter Petersilie belegen.

Rillettes aus Schweinefleisch

Spezialität aus Frankreich

Zubereitung: ca. 30 Min. | Garzeit: 3–4 Std. | Haltbarkeit: gekühlt 2–3 Monate | Pro Portion ca. 270 kcal

Für 10 Portionen (ca. 450 g)

500 g Schweinebauch
250 g Schweinenacken
1 EL schwarze Pfefferkörner
2 Gewürznelken
2 Lorbeerblätter
½ TL geriebene Muskatnuss
1 EL Meersalz
½ Bund Petersilie
6–8 Zweige Thymian
50–100 g Schweineschmalz

1 Von dem Schweinebauch die Schwarte in einem Stück abziehen. Das Schweinebauchfleisch und den Schweinenacken trocken tupfen und in ca. 2,5 cm große Stücke schneiden. Die Pfefferkörner im Mörser leicht zerstoßen.

2 Die Schwarte mit der Fettseite nach unten in einen schweren Schmortopf legen. Das Fleisch sowie Pfefferkörner, Nelken, Lorbeer, Muskat und Salz hinzufügen. Petersilie und Thymian abbrausen, zum Bund zusammenbinden und ebenfalls in den Topf geben. 250 ml kaltes Wasser zugießen.

3 Das Ganze zugedeckt bei mittlerer Hitze zum Kochen bringen, dann 3–4 Std. bei milder Hitze kochen lassen, bis das Fleisch zerfällt. Dabei nach Bedarf noch einige EL Wasser zugeben, damit nichts ansetzt.

4 Das Fleisch in ein Sieb abgießen, dabei die Flüssigkeit auffangen. Schwarte, Lorbeer, Gewürznelken und Kräuterzweige entfernen. Das Fleisch mit den Händen faserig auseinanderpflücken, in eine Schüssel geben und mit ca. 100 ml abgegossenem Fett verrühren (falls nötig mit bis zu 50 g zerlassenem Schweineschmalz auffüllen), bis eine streichfähige Masse entsteht.

5 Die Masse in ein sauber ausgespültes Gefäß (Glas oder Steinzeug) streichen. 50 g Schweineschmalz zerlassen und darüberträufeln, sodass das Fleisch vor Luft geschützt ist. Die Mischung fest werden lassen. Rillettes schmecken auf Brötchen, Baguette oder Weißbrot.

Clever tauschen

Wer mag, ersetzt den Schweinenacken durch **geräucherten Bauchspeck** oder Fleisch von **Ente, Gans, Kaninchen** oder **Hase.**

1

2

3

Gänseschmalz mit Äpfeln und Zwiebeln

deftiger Wintervorrat

Zubereitung: ca. 30 Min. | Haltbarkeit: gekühlt ca. 3 Wochen | Pro Portion ca. 220 kcal

Für 2 Gläser à ca. 300 ml (12 Portionen)

150 g ungeräucherter fetter Speck
50 g durchwachsener Räucherspeck
1 Zwiebel
250 g Gänseflomen (beim Metzger vorbestellen)
5 Zweige Thymian (ersatzweise 1 TL getrockneter)
5 Stängel Majoran (ersatzweise 1 TL getrockneter)
1 säuerlicher Apfel
Meersalz | Pfeffer

1 Beide Specksorten von der Schwarte befreien und klein würfeln. Die Zwiebel schälen und ebenfalls fein würfeln.

2 Den Gänseflomen in einem Topf bei mittlerer Hitze ca. 5 Min. auslassen (**Bild 1**). Sobald reichlich klares Fett ausgetreten ist, die Temperatur erhöhen und das Fett unter ständigem Rühren so lange erhitzen, bis die festen Bestandteile (Grieben) knusprig braun sind. Speck und Zwiebel in den ausgelassenen Flomen geben und bei milder Hitze ca. 5 Min. garen (**Bild 2**).

3 Thymian und Majoran abbrausen, trocken schütteln, die Blättchen abzupfen und hacken (**Bild 3**). Den Apfel vierteln, schälen und ohne Kerngehäuse in kleine Würfel schneiden. Den Thymian und den Majoran (bis auf ein paar Blättchen) sowie den Apfel unter das Gänsefett geben und ca. weitere 5 Min. miterhitzen. Mit Salz und Pfeffer würzen.

4 Das Schmalz vom Herd ziehen und etwas abkühlen lassen. Dann in zwei Twist-off-Gläser oder einen Steinzeugtopf gießen, verschließen und vollständig auskühlen lassen. Kurz vor dem Erstarren nochmals durchrühren, damit sich Grieben, Zwiebel- und Apfelwürfel gleichmäßig verteilen. Vor dem Servieren mit dem restlichen Majoran garnieren. Dazu passt Bauern- oder Nussbrot.

Clever variieren

Das Schmalz wird gerne mit **gegartem Gänsefleisch** angereichert. Dafür 200 g Fleisch, z. B. von der Weihnachtsgans, vom Knochen lösen und fein würfeln. Mit den Apfelstücken und Kräutern zum Gänsefett geben und wie oben ca. 5 Min. miterhitzen.

Clever tauschen

Sollten Sie beim Metzger kein Gänsefett bekommen, können Sie das Schmalz auch ausschließlich aus **Schweineflomen** und **-speck** zubereiten. Zusätzlich noch **150 g Steckrübe** putzen, schälen und in kleine Würfel schneiden. Die Rübenwürfel mit den Zwiebeln im heißen Schweinefett weich garen und wie oben weiter verfahren.

Fleischsalataufstrich mit Roter Bete

preiswert | *Zubereitung: ca. 20 Min.* | *Haltbarkeit: gekühlt 2–3 Tage* | *Pro Portion: ca. 130 kcal*

Für 5 Portionen (ca. 380 g)

80 g vorgegarte Rote Bete (aus der Vakuumpackung)
100 g Geflügelfleischwurst
1 Schalotte
1 Gewürzgurke
4 EL Mayonnaise
1 TL scharfer Senf
1 TL Gurkenwasser (aus dem Gewürzgurkenglas)
Salz | Pfeffer
1 Prise Zucker
3–4 Stängel Dill

1 Die Rote Bete erst in Scheiben, dann ca. 0,5 cm groß würfeln. Die Fleischwurst enthäuten und in ähnlich kleine Würfel schneiden. Die Schalotte schälen und ebenso wie die Gewürzgurke fein würfeln.

2 Die Mayonnaise mit Senf und Gurkenwasser glatt rühren, mit Salz, Pfeffer und Zucker würzen. Rote-Bete- und Wurstwürfel, Schalotte und Gurke unterheben.

3 Den Dill abbrausen, trocken schütteln, ohne die groben Stängel fein hacken (ein paar schöne Spitzen zum Garnieren zurückbehalten) und unterheben. Den Aufstrich mit den übrigen Dillspitzen garnieren und mit Stangenweißbrot oder Mischbrot servieren.

Clever tauschen

Sie haben noch etwas vom **Sonntagsbraten** übrig? Dann verwenden Sie doch das gegarte Fleisch (Rind- oder Schweinefleisch) statt der Wurst für den Aufstrich.

Spargel-Mortadella-Aufstrich

Genuss all'italiana | *Zubereitung: ca. 25 Min.* | *Haltbarkeit: gekühlt 2–3 Tage* | *Pro Portion: ca. 170 kcal*

Für 4 Portionen (ca. 330 g)

100 g grüner Spargel
Salz | 1 Tomate
100 g Mortadella (in dünnen Scheiben)
3 EL Mascarpone
2 EL Mayonnaise
2 TL weißer Aceto balsamico
½ TL scharfer Senf
Pfeffer
¼ Bund Schnittlauch

1 Den Spargel waschen, im unteren Drittel schälen und die Spargelenden abschneiden. Die Stangen in 500 ml kochendem Salzwasser in 4–5 Min. bissfest kochen, abschrecken und gut abtropfen lassen.

2 Den Spargel trocken tupfen und in ca. 0,5 cm große Würfel schneiden. Inzwischen die Tomate waschen, halbieren, Stielansatz und gallertartiges Inneres entfernen und das Fruchtfleisch klein würfeln. Die Mortadella erst in ca. 2 cm breite, dann quer in feine Streifen schneiden.

3 Den Mascarpone mit Mayonnaise, Essig und Senf verrühren und die Creme mit Salz und Pfeffer würzen. Spargel- und Tomatenwürfel sowie Wurststreifen untermischen. Den Schnittlauch abbrausen, trocken schütteln, in feine Röllchen schneiden und unterheben (nach Belieben 1 EL zum Garnieren zurückbehalten). Den Aufstrich nach Belieben mit übrigem Schnittlauch bestreut servieren. Er passt gut zu Baguette oder italienischem Weißbrot.

MADE IN SHEFFIELD
STAINLESS
DE LUXE

Schinkencreme mit Artischocken

zitronenfrisch

Zubereitung: ca. 20 Min. | Kühlzeit: ca. 20 Min. | Haltbarkeit: gekühlt 2–3 Tage | Pro Portion: ca. 115 kcal

Für 5 Portionen (ca. 300 g)

4 Artischockenherzen (aus der Dose)
100 g gekochter Burgunderschinken (in dünnen Scheiben)
1 Knoblauchzehe
½ Bio-Zitrone
2 EL Sahne
1–2 EL Olivenöl
3 Stängel Petersilie
Salz | Pfeffer

1 Die Artischocken in ein Sieb abgießen, gut abtropfen lassen und grob zerkleinern. Den Schinken ohne Fettrand in kleine Würfel schneiden. Die Knoblauchzehe schälen und hacken. Die Zitronenhälfte heiß waschen, abtrocknen, die Schale fein abreiben und 1 EL Saft auspressen.

2 Artischocken, Schinken und Knoblauch zusammen mit Zitronensaft und -schale in eine hohe Rührschüssel geben und alles mit dem Pürierstab fein pürieren. Die Sahne und das Olivenöl zuletzt untermischen.

3 Die Petersilie waschen, trocken schütteln, die Blätter abzupfen, hacken und unterziehen. Die Creme mit Salz und Pfeffer abschmecken und vor dem Servieren ca. 20 Min. im Kühlschrank durchziehen lassen. Sie schmeckt zu Baguette, Ciabatta oder Stangenweißbrot. Sie können sie aber auch ähnlich wie Pesto zu Pasta servieren.

Variante: Schinkencreme mit Estragon

Für 4 Portionen (ca. 280 g) | **100 g gekochten Burgunderschinken** (in Scheiben) vom Fettrand befreien und in kleine Würfel schneiden. **1 Tomate** waschen, halbieren, Stielansatz und gallertartiges Inneres entfernen und das Fruchtfleisch würfeln. **2 Stängel Estragon** abbrausen, trocken schütteln, die Blätter von den Stielen zupfen und fein schneiden. **1 Gewürzgurke** sehr klein würfeln. Schinken und Tomate in einem hohen Rührgefäß mit **75 g Doppelrahmfrischkäse** und **50 g Crème fraîche** mit dem Pürierstab fein pürieren. Gewürzgurkenwürfel, **1–2 TL körnigen Senf** und Estragon untermischen. Den Aufstrich mit **Salz**, **Pfeffer** und **1 Prise Cayennepfeffer** abschmecken. Er passt besonders gut zu Baguette.

1

2

3

Geflügelleberpaste

Klassiker mit pikanter Würze

Zubereitung: ca. 45 Min. | Haltbarkeit: gekühlt ca. 3 Tage | Pro Portion: ca. 205 kcal

Für 4 Portionen (ca. 200 g)

50 g Champignons
1 kleine Möhre
1 Schalotte
1 Knoblauchzehe
½ Bund Petersilie
3 Zweige Thymian
150 g Hähnchenleber
50 g durchwachsener Räucherspeck
1 EL Olivenöl
Salz | Pfeffer
5 EL trockener Weißwein
1 EL Aceto balsamico
1 EL frisch geriebener Parmesan

1 Die Pilze abreiben und putzen. Die Möhre putzen und schälen, Schalotte und Knoblauch schälen und alles in kleine Würfel schneiden (**Bild 1**). Die Kräuter abbrausen, trocken schütteln und die Blätter fein hacken. Die Lebern waschen, trocken tupfen, von Sehnen und Häuten befreien und fein schneiden. Den Speck fein würfeln.

2 Die Speckwürfel im Öl in einer Pfanne bei mittlerer Hitze knusprig ausbraten, herausnehmen. Die Leber im heißen Speckfett unter Rühren 3–4 Min. anbraten, herausnehmen und grob hacken (**Bild 2**). Das vorbereitete Gemüse in der Pfanne bei mittlerer Hitze ca. 3 Min. unter Wenden braten, salzen und pfeffern. Leber und Speck mit den Kräutern zurück in die Pfanne geben. Alles mit dem Wein aufgießen und offen 7–10 Min. bei milder Hitze dünsten.

3 Die Lebermischung vom Herd nehmen und mit dem Pürierstab pürieren (**Bild 3**). Mit Aceto balsamico, Salz und Pfeffer abschmecken und den Parmesan unterrühren. Die Creme heiß oder kalt auf geröstetes Baguette streichen.

Variante: Entenlebercreme

Für 6 Portionen (ca. 300 g) | **200 g Entenleber** putzen, dabei Sehnen und Fett entfernen. Die Leber in kleine Stücke schneiden, mit **4 EL Cognac** beträufeln und 1 Std. marinieren. **1 Schalotte** schälen und mit **10 g kandiertem Ingwer** fein würfeln. **3 Zweige Thymian** waschen, trocken schütteln, die Blättchen fein hacken. Die Leber abtropfen lassen (die Marinade dabei auffangen), dann in **1 EL zerlassener Butter** in einer Pfanne bei mittlerer Hitze ca. 1 Min. andünsten. Die Leber herausnehmen. Schalotte, Ingwer und Thymian 2–3 Min. andünsten. Mit **2 EL Apfelsaft** und der Cognac-Marinade ablöschen und bei milder Hitze 1–2 Min. kochen lassen. Die Leber wieder zugeben, 1–2 Min. köcheln, dann mit dem Pürierstab pürieren. Die Creme **salzen** und **pfeffern**. Nach Belieben **1–2 EL Sahne** unterrühren.

Hähnchencreme mit Rucola

raffiniert

Zubereitung: ca. 35 Min. | Kühlzeit: ca. 30 Min. | Haltbarkeit: gekühlt 2–3 Tage | Pro Portion: ca. 170 kcal

Für 6 Portionen (ca. 240 g)

½ Bio-Zitrone
3–4 Zweige Thymian
200 g Hähnchenbrustfilet
Salz | Pfeffer
4 EL Olivenöl
4 EL Marsala (ersatzweise Hühnerfond oder -brühe)
125 ml Hühnerfond oder -brühe (aus dem Glas oder Instant)
2 Handvoll Rucola (ca. 130 g)

1 Die Zitronenhälfte heiß waschen, abtrocknen und die Schale fein abreiben. Den Zitronensaft auspressen. Den Thymian abbrausen, trocken schütteln, die Blättchen abstreifen und hacken. Das Hähnchenfilet kalt abbrausen und trocken tupfen. Das Fleisch auf beiden Seiten mit Salz, Pfeffer, Zitronenschale und Thymian einreiben.

2 In einer beschichteten Pfanne 2 EL Olivenöl erhitzen. Das Fleisch darin bei starker Hitze auf jeder Seite ca. 2 Min. anbraten. Marsala zugießen und bei starker Hitze einkochen. Dann Fond oder Brühe zugeben, alles aufkochen und zugedeckt bei mittlerer Hitze ca. 15 Min. schmoren.

3 Das Hähnchenfleisch aus dem Sud heben und ca. 30 Min. abkühlen lassen. Den Schmorsud beiseitestellen. Inzwischen den Rucola waschen, trocken schleudern, verlesen, die groben Stiele entfernen und die Blätter fein hacken.

4 Das Fleisch klein würfeln, mit 5 EL Schmorflüssigkeit und dem übrigen Öl in einer hohen Rührschüssel fein pürieren. Evtl. noch etwas Sud zufügen – die Masse soll cremig sein. Den Rucola unterziehen, die Paste mit Salz, Pfeffer und 1 EL Zitronensaft würzen. Sie schmeckt frisch auf Weißbrot oder Ciabatta, aber auch zu Toast oder Brotchips.

Variante: Puten-Pfeffer-Creme

Für 4 Portionen (ca. 240 g) | **200 g Putenbrustfilet** waschen, trocknen und mit **Salz, Pfeffer** und **1 TL fein abgeriebener Bio-Orangenschale** einreiben. Bei starker Hitze in **2 EL Olivenöl** von jeder Seite ca. 2 Min. anbraten, mit **4 EL trockenem Sherry** (fino) und **125 ml Hühnerfond oder -brühe** aufgießen. Ca. 15 Min. zugedeckt bei mittlerer Hitze schmoren, abkühlen lassen und mit **2 EL Olivenöl** und dem Schmorsud fein pürieren. **1 EL grüne Pfefferkörner** (aus dem Glas) grob hacken und unterziehen. Mit Salz, Pfeffer und **1 TL Orangensaft** würzen.

Matjesaufstrich

Gruß von der Küste *| Zubereitung: ca. 20 Min. | Haltbarkeit: gekühlt 3–4 Tage | Pro Portion: ca. 140 kcal*

Für 4 Portionen (ca. 330 g)

3–4 Matjesfilets (ca. 120 g)
1 Schalotte
5 Stängel Dill
½ kleiner Apfel
2 TL Zitronensaft
2 Cornichons
2 EL Mayonnaise
2 EL saure Sahne
1 TL Dijonsenf
Salz | Pfeffer

1 Die Matjesfilets trocken tupfen und sehr fein würfeln. Die Schalotte schälen und ebenfalls klein würfeln. Den Dill waschen, trocken schütteln, von den Stielen zupfen und (bis auf ein paar schöne Spitzen) fein hacken. Die Apfelhälfte waschen und ohne Kerngehäuse in sehr kleine Würfel schneiden. Sofort mit dem Zitronensaft beträufeln. Cornichons ebenfalls klein würfeln.

2 Mayonnaise, saure Sahne und Senf cremig rühren, mit Salz und Pfeffer würzen. Matjes, Schalotten-, Apfel- und Gurkenwürfel sowie Dill unterrühren. Den Aufstrich in eine Schüssel füllen und mit dem übrigen Dill garnieren. Mit dunklem Roggenbrot servieren oder zum Sekt reichen: dazu auf gebutterte Pumpernickeltaler je 1 Scheibe Salatgurke legen und den Aufstrich daraufgeben.

Lachstatar

fein für Gäste *| Zubereitung: ca. 20 Min. | Haltbarkeit: gekühlt ca. 1 Tag | Pro Portion: ca. 125 kcal*

Für 4 Portionen (ca. 350 g)

200 g rohes, sehr frisches Lachsfilet (ohne Haut; Sushi-Qualität) | 2 dünne Frühlingszwiebeln | 1 Bio-Zitrone | 2 EL Schmand | Salz | Pfeffer | Zucker | 1 Tomate

1 Den Fisch abbrausen, trocken tupfen und von allen Gräten befreien. Den Lachs erst in Scheiben schneiden, dann mit einem Messer fein hacken – nicht pürieren! Die Frühlingszwiebeln waschen, putzen, weiße und hellgrüne Teile in winzige Würfel schneiden. Die Zitrone heiß waschen, abtrocknen, ½ TL Schale fein abreiben, 2 EL Zitronensaft auspressen.

2 Den Lachs in einer Schüssel mit Frühlingszwiebeln, Zitronensaft und -schale und Schmand vermischen. Das Tatar mit Salz, Pfeffer und Zucker würzen. Die Tomate waschen, vierteln, Stielansatz und gallertartiges Inneres entfernen, Fruchtfleisch sehr klein würfeln und unterheben. Dazu schmeckt Baguette oder Toast.

Clever tauschen

Wenn gerade kein topfrischer roher Lachs im Angebot ist, können Sie ihn durch **Räucherlachs in Scheiben** ersetzen.

links: Lachstatar | rechts: Matjesaufstrich

Forellenmousse mit Kaviar

macht was her

Für 6 Portionen (ca. 300 g) **200 g geräucherte Forellenfilets** (ohne Haut) entgräten, grob zerpflücken und mit **2 EL Crème fraîche** im Blitzhacker fein pürieren. Mit **Salz**, **Pfeffer** und **1–2 TL Zitronensaft** würzen. **2–3 Stängel Dill** abbrausen, trocken schütteln, ohne grobe Stängel fein schneiden und mit **50 g Forellenkaviar** unter die Creme ziehen. **4 EL Sahne** steif schlagen und unterheben. Zum Servieren von der Creme evtl. mit einem Esslöffel Nocken abstechen und nach Belieben auf einem **Salatblatt** anrichten. Mit etwas Dill garnieren. Dazu Weißbrot oder Toast reichen. Der Aufstrich hält sich gekühlt ca. 5 Tage.

Pfeffer-Makrelencreme

gut vorzubereiten

Für 4 Portionen (ca. 250 g) **150 g geräucherte Makrelenfilets** (ohne Haut) entgräten, in Stücke schneiden und mit **125 g Magerquark** in eine hohe Rührschüssel geben. Die Mischung mit dem Pürierstab fein pürieren und mit **1–2 TL Zitronensaft**, **Salz** und **Pfeffer** kräftig würzen. **¼ Bund Schnittlauch** abbrausen, gut trocken schütteln und in feine Röllchen schneiden. **1 EL bunte Pfefferkörner** grob schroten, mit dem Schnittlauch unter die Creme rühren. Den Aufstrich in ein sauberes Gefäß füllen, gut verschließen und bis zum Servieren ca. 30 Min. kalt stellen. Dazu schmeckt Vollkornbrot oder -Baguette. Die Creme hält sich im Kühlschrank ca. 5 Tage.

Räucheraalcreme

echte Delikatesse

Für 6 Portionen (ca. 300 g) ½ **Bund Petersilie** waschen, trocken schütteln, Blätter abzupfen und hacken. **200 g Räucheraal** häuten, die Filets entlang der Mittelgräte abschneiden und in Stücke teilen. Petersilie, **50 g Crème légère**, **2 EL Doppelrahmfrischkäse** und den Aal im Blitzhacker fein pürieren und mit **Salz** und **Pfeffer** würzen. **2 dünne Frühlingszwiebeln** waschen, putzen und sehr fein würfeln, unterheben. Die Creme mit **Salz** und **Pfeffer** abschmecken. Dazu passt Krusten- oder Schwarzbrot. In einem Twist-off-Glas und gekühlt hält sich der Aufstrich ca. 5 Tage.

Clever tauschen

Als preiswerte Alternative zum edlen Aal bietet sich **Räucherforellen- oder Saiblingsfilet** an.

Räucherlachs-Zucchini-Paste

mit Schärfe-Kick

Für 6 Portionen (ca. 350 g) **100 g Doppelrahmfrischkäse, 2 TL geriebenen Meerrettich** (aus dem Glas) und **2 TL Zitronensaft** glatt rühren. **150 g Räucherlachs** (in Scheiben) in kleine Würfel schneiden. **100 g kleine feste Zucchini** waschen, putzen und auf der Gemüsereibe grob raspeln. **4 Basilikumblätter** kurz abbrausen, trocken tupfen und fein hacken. Basilikum, Lachs und Zucchiniraspel unter die Frischkäsecreme rühren. Mit **Salz** und **Pfeffer** abschmecken. Zu der Räucherlachspaste schmecken Knäckebrot, Toast oder Pumpernickel. In einem gut verschlossenen Glas im Kühlschrank hält sich der Aufstrich 2–3 Tage.

Thunfisch-Kapern-Creme

kräuteraromatisch | *Zubereitung: ca. 20 Min.* | *Haltbarkeit: gekühlt 3–4 Tage* | *Pro Portion: ca. 160 kcal*

Für 4 Portionen (ca. 240 g)

1 Dose Thunfisch im eigenen Saft (120 g Abtropfgewicht)
2 EL kleine Kapern
4 Stängel Petersilie
4 Blätter Basilikum
½ Bio-Zitrone
2 EL Mayonnaise
2 EL Olivenöl
Salz | Pfeffer

1 Den Thunfisch abtropfen lassen und fein zerpflücken. Kapern ebenfalls abtropfen lassen. Petersilie und Basilikum abbrausen, trocken schütteln und die Blättchen grob zerschneiden. Die Zitronenhälfte heiß waschen, abtrocknen, die Schale fein abreiben, den Saft auspressen.

2 Den Thunfisch mit Mayonnaise, Kräutern, 1 EL Zitronensaft, 1 EL Kapern und dem Olivenöl im Blitzhacker oder mit dem Pürierstab fein pürieren. Die Creme mit Salz, Pfeffer und Zitronenschale würzen. Die übrigen Kapern unterheben und die Creme mit Zitronensaft abschmecken. Dazu passt geröstetes Weiß- oder Fladenbrot.

Besonders clever!

Die Creme eignet sich auch prima für **Tramezzini**: Entrindetes Sandwichbrot mit einem Salatblatt belegen, die Creme daraufstreichen, mit einer zweiten Scheibe Brot abdecken und diagonal durchschneiden.

Schwarze Tapenade

Klassiker aus der Provence | *Zubereitung: ca. 20 Min.* | *Haltbarkeit: gekühlt 5–6 Wochen* | *Pro Portion: ca. 195 kcal*

Für 6 Portionen (ca. 250 g)

125 g eingelegte schwarze Oliven (mit Stein)
1 kleine Dose Thunfisch im eigenen Saft (60 g Abtropfgewicht)
4 Sardellenfilets in Salzlake (aus dem Glas)
1–2 Knoblauchzehen
4 Zweige Thymian oder ¼ TL getrockneter Thymian
1 ½ EL Kapern
4–5 EL Olivenöl
Salz | Pfeffer

1 Die Oliven entsteinen (keine bereits entsteinten verwenden, denn sie sind weniger aromatisch!) und klein schneiden. Den Thunfisch abgießen und zerpflücken. Die Sardellen kurz abspülen, den Knoblauch schälen und beides hacken. Den Thymian abbrausen, trocken schütteln, die Blättchen abzupfen und fein hacken.

2 Alle vorbereiteten Zutaten und die Kapern in eine hohe Rührschüssel geben und mit dem Pürierstab zu einer groben schwarzen Paste verarbeiten. Erst dann nach und nach unter ständigem Rühren das Olivenöl einlaufen lassen, bis sie stärker glänzt. Mit wenig Salz und mit Pfeffer abschmecken. Tapenade schmeckt gut zum Aperitif auf frischem Baguette und auf hart gekochten Eiern.

Besonders clever!

Die Olivenpaste zum Schluss noch mit **1 TL Cognac oder Weinbrand** aromatisieren – vorausgesetzt, es essen keine Kinder mit.

Sardinen-Zucchini-Relish

pikant und preiswert

Zubereitung: ca. 25 Min. | Haltbarkeit: gekühlt ca. 5 Tage | Pro Portion: ca. 150 kcal

Für 4 Portionen (ca. 300 g)

150 g zarte Zucchini
1 kleine Zwiebel
1 Knoblauchzehe
½ rote Chilischote
1 EL Olivenöl
100 ml Gemüsefond oder -brühe (aus dem Glas oder Instant)
½ TL Speisestärke
Salz | Pfeffer
1 Dose Sardinen in Öl (ca. 90 g Abtropfgewicht)
2 getrocknete Tomaten (in Öl)
3 Stängel Petersilie

1 Die Zucchini waschen, putzen und in ca. 0,5 cm kleine Würfel schneiden. Zwiebel und Knoblauchzehe schälen und fein würfeln. Die Chilischote putzen, entkernen, waschen und ebenfalls klein würfeln.

2 In einer Pfanne das Öl erhitzen. Zucchini, Zwiebel, Knoblauch und Chili darin bei starker Hitze ca. 2 Min. unter Rühren anbraten. Mit dem Fond oder der Brühe ablöschen und offen ca. 3 Min. einkochen lassen. Die Speisestärke mit 1 EL Wasser verrühren und in die kochende Mischung einrühren, sodass sie etwas bindet. Das Relish mit Salz und Pfeffer würzen und abkühlen lassen.

3 Inzwischen die Sardinen auf einem Sieb abtropfen lassen und zerpflücken. Die Tomaten abtropfen lassen und klein würfeln. Beides mit der Zucchinimischung verrühren und den Aufstrich mit Salz und Pfeffer abschmecken.

4 Die Petersilie abbrausen, trocken schütteln, die Blätter abzupfen, fein hacken und unterrühren. Dazu passen Brötchen, Fladenbrot oder Weißbrot.

Variante: Garnelen-Relish

Für 4 Portionen (ca. 300 g) | **150 g zarte Zucchini** waschen, putzen und ca. 0,5 cm groß würfeln. **½ rote Chilischote** putzen, entkernen, waschen und fein schneiden. **1 Schalotte**, **1 Knoblauchzehe** und **1 Stück Ingwer** (ca. 1 cm) schälen und alles fein würfeln. **1 EL Erdnuss- oder Rapsöl** erhitzen und Zucchini, Schalotten, Ingwer, Chili und Knoblauch darin ca. 2 Min. andünsten. **100 ml Gemüsefond oder -brühe** zugeben, offen ca. 3 Min. einkochen lassen. **1 TL Speisestärke** mit **1 EL Wasser** anrühren und das Gemüse damit binden. Das Relish mit **Salz** und **Pfeffer** würzen. **100 g gegarte, geschälte Garnelen** (aus dem Kühlregal) abtropfen lassen und in kleine Stücke schneiden. **3 Stängel Koriandergrün** abbrausen, trocken schütteln, die Blättchen abzupfen und grob hacken. Den Koriander mit den Garnelen unterrühren.

Flusskrebscreme mit Erbsen

basilikumfrisch | *Zubereitung: ca. 15 Min.* | *Haltbarkeit: gekühlt 2–3 Tage* | *Pro Portion: ca. 90 kcal*

Für 4 Portionen (ca. 350 g)

100 g TK-Erbsen
½ Bund Basilikum
125 g gegarte, geschälte Flusskrebsschwänze (Kühlregal; ersatzweise Garnelen)
2 EL Mayonnaise
2 EL Speisequark (20 % Fett)
Salz | Pfeffer
1–2 TL Zitronensaft

1 Die gefrorenen Erbsen mit kochendem Wasser übergießen, 2–3 Min. ziehen lassen, in ein Sieb abgießen und abtropfen lassen.

2 Das Basilikum kurz waschen und trocken schütteln, die Blätter abzupfen und fein hacken (nach Belieben ein paar Blättchen zum Garnieren zurücklegen). Die Flusskrebse kurz abbrausen, trocken tupfen und in Stücke schneiden.

3 Die Mayonnaise mit dem Quark cremig rühren. Erbsen, Basilikum und Krebsfleisch untermischen und die Creme mit Salz, Pfeffer und Zitronensaft abschmecken. Nach Belieben mit dem übrigen Basilikum garnieren. Dazu passt am besten Weißbrot, Baguette oder frisch geröstetes Toastbrot.

Shrimpsaufstrich mit Avocado

fein zum Aperitif | *Zubereitung: ca. 20 Min.* | *Haltbarkeit: gekühlt ca. 1 Tag* | *Pro Portion: ca. 180 kcal*

Für 4 Portionen (ca. 400 g)

1 Mandarine
1 reife Avocado
1 EL Zitronensaft
75 g Sahnejoghurt
Salz | Pfeffer
1–2 Spritzer Tabasco
100 g Shrimps (Kühlregal)
1 Bund Schnittlauch

1 Die Mandarine schälen, in Spalten teilen, dann in kleine Stücke schneiden. Die Avocado halbieren, entsteinen, das Fruchtfleisch mit einem Löffel aus der Schale heben und klein schneiden. Sofort mit Zitronensaft und Joghurt in eine hohe Rührschüssel geben und mit dem Pürierstab fein pürieren. Die Creme mit Salz, Pfeffer und Tabasco würzig abschmecken.

2 Die Shrimps in einem Sieb abbrausen, abtropfen lassen und trocken tupfen, evtl. kleiner schneiden. Mit den Mandarinenstücken unter die Avocadomasse mischen. Den Schnittlauch abbrausen, trocken schütteln und in feine Röllchen schneiden. Bis auf 1 EL unterheben, den übrigen Schnittlauch obendrauf streuen. Der Aufstrich schmeckt auf Brotchips, knusprig geröstetem Baguette oder Toastbrot.

inks: Flusskrebscreme mit Erbsen | rechts: Shrimpsaufstrich mit Avocado

Krabben-Wasabi-Aufstrich

meerrettichscharf | *Zubereitung: ca. 20 Min.* | *Haltbarkeit: gekühlt 2–3 Tage* | *Pro Portion: ca. 105 kcal*

Für 6 Portionen (ca. 340 g)

2 EL geschälte Sesamsamen
1 Stück Salatgurke (ca. 100 g)
1 Stück Ingwer (ca. 1 cm)
100 g Doppelrahmfrischkäse
1 EL Schmand
1 ½ TL Wasabipaste (aus der Tube; ersatzweise geriebener Meerrettich)
Salz | 2 TL Limettensaft
100 g Nordseekrabbenfleisch (ersatzweise Grönlandkrabben)
Pfeffer

1 Den Sesam in einer Pfanne ohne Fett anrösten und abkühlen lassen. Die Gurke schälen, längs halbieren, das Innere herausschaben und die Hälften sehr fein würfeln. Den Ingwer schälen, fein reiben und mit Frischkäse, Schmand, Wasabi, Salz und 1 TL Limettensaft verrühren. Die Gurkenwürfel und den Sesam (bis auf 1 TL) untermischen.

2 Die Krabben abspülen, trocken tupfen und untermischen. Die Creme mit übrigem Limettensaft, Salz und Pfeffer würzen und mit restlichem Sesam bestreuen. Dazu schmeckt Toast.

Variante: Garnelen-Basilikum-Aufstrich

Für 5 Personen (ca. 270 g) | **100 g Salatgurke** schälen, Inneres entfernen und Fruchtfleisch fein hacken. **4 Stängel Basilikum** abbrausen, trocken tupfen, die Blättchen hacken. **100 g geschälte, gegarte Garnelen** abbrausen, trocknen und klein schneiden. Alles mit **50 g Mayonnaise**, **50 g Speisequark**, **Salz**, **Pfeffer** und **Cayennepfeffer** verrühren.

Jakobsmuschel-Fenchel-Creme

für festliche Anlässe

Zubereitung: ca. 30 Min. | Kühlzeit: 1–2 Std. | Haltbarkeit: gekühlt 2–3 Tage | Pro Portion ca. 130 kcal

Für 6 Portionen (ca. 350 g)

150 g Jakobsmuschelfleisch
100 g Fenchel
1 Schalotte
1 Knoblauchzehe
1 EL Olivenöl
1 TL Butter
3 EL trockener Weißwein
Salz | Pfeffer
1–2 TL Zitronensaft
1 Blatt weiße Gelatine
100 g Doppelrahmfrischkäse
3–4 Stängel Dill

1 Die Muscheln waschen und trocken tupfen. Den Fenchel waschen und putzen. Beides klein würfeln. Schalotte und Knoblauch schälen und fein hacken. Öl und Butter in einer weiten Pfanne erhitzen. Schalotte und Knoblauch darin in 2–3 Min. bei mittlerer Hitze glasig dünsten. Fenchel und Muscheln 1–2 Min. mitdünsten. Mit dem Wein ablöschen, ca. weitere 4 Min. offen kochen, bis der Wein verdampft ist. Mit Salz, Pfeffer und Zitronensaft würzen. Abkühlen lassen.

2 Die Gelatine ca. 5 Min. in kaltem Wasser einweichen und tropfnass in einem kleinen Topf bei milder Hitze unter Rühren auflösen. Mit 1 EL Frischkäse verrühren, mit dem übrigen Frischkäse zur Muschelmasse geben und alles gut mischen. Den Dill abbrausen, trocken schütteln, abzupfen und (bis auf ein paar Dillspitzen) fein hacken, unterheben. 1–2 Std. kalt stellen und mit Dill garnieren. Dazu frisches Baguette servieren.

SÜSSE AUFSTRICHE

Gute Neuigkeiten für alle Frühstücksfans: Jetzt kommt Abwechslung aufs Lieblingsbrötchen! Wie wär's mal mit Morgenkaffee zum Streichen? Oder süß-fruchtigem Gemüse? Voilà: Latte-Macchiato-Creme und Kürbis-Orangen-Aufstrich. Und mit kalt gerührten Fruchtaufstrichen, heiß gerührten Zitronencremes und allerlei Nussigem und Cremigem gibt es jeden Tag ein Sonntagsfrühstück.

Himbeer-Amaretti-Aufstrich

knusprig-cremig | *Zubereitung: ca. 15 Min.* | *Haltbarkeit: gekühlt 2–3 Tage* | *Pro Portion: ca. 140 kcal*

Für 5 Portionen (ca. 300 g)

120 g Doppelrahmfrischkäse
1 EL Crème légère
1 EL flüssiger milder Honig
1 TL Zitronensaft
1 TL Johannisbrotkernmehl (z. B. Biobin, Reformhaus)
20 g Amaretti
100 g Himbeeren (frisch oder TK und aufgetaut)

1 Den Frischkäse mit Crème légère, Honig, Zitronensaft und Johannisbrotkernmehl glatt rühren. Die Amaretti in einen Gefrierbeutel füllen und mit einer Teigrolle oder einem Fleischklopfer grob zerdrücken.

2 Die Himbeeren verlesen, frische nur wenn nötig kurz abbrausen. Die Hälfte der Beeren mit einer Gabel grob zerdrücken und zusammen mit den Amaretti unter die Frischkäsecreme rühren. Die restlichen Himbeeren unzerkleinert untermischen. Der Aufstrich schmeckt auf Brioche (süßes Hefeweißbrot), Toast oder Bagels.

Variante: Blaubeeraufstrich

Für 5 Portionen (ca. 300 g) | **120 g Doppelrahmfrischkäse** und **2 EL Ricotta** cremig rühren. **100 g Blaubeeren** verlesen, kurz abbrausen (tiefgekühlte auftauen), die Hälfte mit einer Gabel grob zerdrücken. Zusammen mit **1 EL Bourbon-Vanillezucker**, **1 TL Johannisbrotkernmehl** (z. B. Biobin, Reformhaus), **2 TL Honig** und den übrigen Beeren untermischen.

Bananen-Apfel-Aufstrich

macht fit | *Zubereitung: ca. 20 Min.* | *Haltbarkeit: gekühlt 2–3 Tage* | *Pro Portion: ca. 75 kcal*

Für 4 Portionen (ca. 250 g)

1 EL gehackte Haselnusskerne
1 Banane
1 EL Zitronensaft
1 EL flüssiger milder Honig
100 g körniger Frischkäse
1 EL Korinthen
½ kleiner roter Apfel

1 Die Nüsse in einer trockenen Pfanne rösten, bis sie duften. Abkühlen lassen. Inzwischen die Banane schälen, in Scheiben schneiden und sofort mit Zitronensaft und Honig beträufeln. Mit einer Gabel fein zerdrücken.

2 Frischkäse, Nüsse und Korinthen unterrühren. Den Apfel waschen, halbieren, ohne Kerngehäuse sehr fein würfeln und unter die Mischung heben. Der Aufstrich schmeckt gut auf Vollkornbrot oder -brötchen.

Vegane Variante: Bananen-Erdnuss-Creme

Für 4 Portionen (ca. 170 g) | **1 Banane** in Scheiben mit **1 TL Zitronensaft** und **1 EL Agavendicksaft** zermusen. **2 EL Erdnussmus** (siehe S. 50) oder **Erdnusscreme »crunchy«** und **1 EL Sojacreme** dazugeben und alles gut verrühren.

Lemon Curd – Zitronencreme

echt britisch

Zubereitung: ca. 30 Min. | Haltbarkeit: gekühlt ca. 14 Tage | Pro Portion: ca. 70 kcal

Für 2 Gläser à ca. 200 ml (17 Portionen)

2 Bio-Zitronen
50 g Butter
150 g Zucker
1 Pck. Bourbon-Vanillezucker
1 Prise Salz
2 große Eier (Größe L)

1 Die Zitronen heiß waschen, trocken reiben und die Schale fein abreiben. Den Saft auspressen und 150 ml abmessen.

2 Die Butter in einem kleinen Topf bei milder Hitze schmelzen. Zucker, Vanillezucker, Salz, Zitronenschale und -saft dazugeben. Die Eier in einer Schüssel kurz verschlagen, dann zu den übrigen Zutaten in den Topf geben. Alles ca. 20 Min. bei mittlerer Hitze erhitzen. Dabei ständig mit den Quirlen des Handrührgeräts rühren, bis die Masse dick-schaumig wird und nicht mehr gelb, sondern weißlich aussieht. Dabei aufpassen, dass sie nicht stockt.

3 Die Zitronenmasse vom Herd nehmen, sofort randvoll in zwei saubere Gläser füllen und mit Schraubdeckeln verschließen. Curd wird traditionell auf Scones gestrichen, er schmeckt aber auch auf Toast. Außerdem eignet er sich gut als Füllung für Tartes und Tarteletts.

Variante: Maracuja-Curd

Für 2 Gläser (je ca. 175 ml) | **8 Maracujas** halbieren, das Fruchtfleisch herauslöffeln, in ein hohes Gefäß geben und mit dem Pürierstab kurz pürieren, dann durch ein feines Sieb streichen. 100 ml abmessen. **1 Bio-Limette** heiß waschen, abtrocknen, die Schale abreiben und den Saft auspressen. **50 g Butter** in einem Topf bei milder Hitze schmelzen. **125 g Rohrohrzucker**, **1 Pck. Bourbon-Vanillezucker**, **1 Prise Salz,** Limettenschale und -saft, Maracujasaft sowie **1 gestrichenen TL Speisestärke** unterrühren. **2 große Eier** (Größe L) kurz verschlagen, mit der Maracujamasse vermischen und bei mittlerer Hitze zum Kochen bringen. Die heiße Masse sofort randvoll in Twist-off-Gläser füllen und verschließen.

Clever tauschen

Vielseitig: Statt mit Zitrone können Sie diesen englischen Klassiker auch mit **Orangen** oder **Limetten** zubereiten oder eine Mischung aus Zitronen und Orangen oder **Grapefruits** verwenden.

Nektarinenaufstrich

sommerlich

Zubereitung: ca. 15 Min. | Kühlzeit: ca. 30 Min. | Haltbarkeit: gekühlt 3–4 Tage | Pro Portion: ca. 75 kcal

Für 4 Portionen (ca. 250 g)

1 reife Nektarine | ½ Bio-Limette
125 g Speisequark (20 % Fett)
1 EL weißes Mandelmus (Reformhaus)
2 TL Ahornsirup

1 Die Nektarine waschen, halbieren und den Stein entfernen. Die Fruchthälften in ca. 0,5 cm große Würfel schneiden. Die Limettenhälfte heiß waschen und abtrocknen. Die Schale fein abreiben und 2 TL Limettensaft auspressen. Beides mit den Nektarinenwürfeln mischen.

2 Den Quark mit Mandelmus und Ahornsirup verrühren. Die Nektarinenwürfel (bis auf 2 TL) untermischen. Den Aufstrich ca. 30 Min. im Kühlschrank etwas fester werden lassen. Mit den übrigen Nektarinenwürfeln bestreuen und mit Vollkornbrot oder -toast servieren.

Variante: Physalis-Quarkcreme

Für 4 Portionen (ca. 240 g) | **100 g Physalis** (Kapstachelbeeren) aus der pergamentartigen Hülle lösen, waschen und vierteln. **125 g Speisequark** (20 % Fett) mit **1 EL flüssigem mildem Honig** und **2 EL gemahlenen Haselnüssen** verrühren. Drei Viertel der Physalis unter die Creme mischen und den Rest darüberstreuen.

Rhabarberfrischkäse

sahnig-saftig

Zubereitung: ca. 20 Min. | Kühlzeit: ca. 1 Std. | Haltbarkeit: gekühlt 3–4 Tage | Pro Portion: ca. 180 kcal

Für 5 Portionen (ca. 370 g)

150 g Rhabarber
1 Bio-Orange
30 g Zucker
2 EL Grenadinesirup
1 TL Speisestärke
200 g Doppelrahmfrischkäse

1 Den Rhabarber waschen und putzen, dann die Stangen schräg in ca. 2 cm breite Stücke schneiden. Die Orange heiß abwaschen und gut abtrocknen. 1 TL Schale fein abreiben und 3 EL Orangensaft auspressen.

2 Den Zucker in einem kleinen Topf schmelzen und hellbraun karamellisieren lassen. Den Karamell sofort mit Sirup und Orangensaft ablöschen und unter Rühren bei mittlerer Hitze kochen, bis sich der Zucker vollständig aufgelöst hat.

3 Den Rhabarber und die Orangenschale zufügen und zugedeckt bei mittlerer Hitze in 5–7 Min. weich dünsten. Die Stärke mit 1 EL Wasser verrühren, in den Rhabarber einrühren, bis das Kompott leicht bindet. In einer Schüssel auskühlen lassen.

4 Den Frischkäse cremig schlagen und mit dem Rhabarber mischen. Dazu schmecken Scones, Toast oder Brötchen.

links oben: Nektarinenaufstrich | rechts unten: Rhabarberfrischkäse

Kiwi-Minze-Konfitüre

Erfrischendes zum Frühstück

Für 2 Gläser à ca. 150 ml (10 Portionen)
3 Kiwis schälen, 250 g Fruchtfleisch abmessen und in kleine Stücke schneiden. **½ Bio-Limette** heiß waschen, abtrocknen, die Schale fein abreiben und den Saft auspressen. Beides mit **1 Pck. Gelierzucker für Fruchtaufstrich** (ohne Kochen; 185 g) und den Kiwis in einer hohen Rührschüssel ca. 45 Sek. mit dem Pürierstab pürieren. **2 kleine Stängel Minze** abbrausen und trocken schütteln. Die Blättchen abzupfen, fein hacken und unterrühren. Die Konfitüre randvoll in zwei saubere Gläser füllen und verschließen. Sie schmeckt besonders gut zu Toast oder Brötchen. Im Kühlschrank hält sie sich 1–2 Wochen. Angebrochen rasch verbrauchen.

Cranberry-Erdbeer-Konfitüre

Frische trifft Trockenfrucht

Für 2 Gläser à ca. 200 ml (12 Portionen)
125 g Soft-Cranberrys mit **125 ml heißem Wasser** übergießen und ca. 5 Min. einweichen. Inzwischen **250 g Erdbeeren** waschen, putzen und grob zerteilen. (TK-Erdbeeren gehen auch – einfach etwas antauen lassen.) Cranberrys abgießen, abtropfen lassen und mit den Erdbeeren in einer hohen Rührschüssel mit dem Pürierstab fein pürieren. **50 g flüssigen milden Honig** und **1 TL abgeriebene Schale von 1 Bio-Orange** unterrühren. Den Aufstrich randvoll in Schraubgläser füllen und verschließen. Er hält sich im Kühlschrank ca. 14 Tage. Dazu passt Vollkorn- oder Grahambrot.

Pfirsich-Sanddorn-Konfitüre

reich an Vitamin C

Für 2 Gläser à ca. 200 ml (12 Portionen)
2–3 reife Pfirsiche oder Nektarinen (ca. 350 g) überbrühen, häuten, halbieren, entsteinen und klein schneiden. Zwei Drittel mit **2 TL Zitronensaft** beträufeln und mit **100 g Sanddornsaft mit Honig** (Reformhaus), **1 Pck. Bourbon-Vanillezucker**, **2 EL Rohrohrzucker** und **2 TL Johannisbrotkernmehl** (z. B. Biobin, Reformhaus) im Mixer oder mit den Pürierstab auf höchster Stufe 3–5 Min. pürieren. Das übrige Fruchtfleisch sehr klein würfeln und unterrühren. Den Aufstrich sofort in saubere Gläser füllen und gut verschließen. Im Kühlschrank hält er sich 1–2 Wochen. Schmeckt auf Weißbrot, Toastbrot oder Rosinenbrötchen.

Apfel-Mohn-Aufstrich

überraschend einfach

Für 2 Gläser à ca. 200 ml (12 Portionen)
1 säuerlichen Apfel vierteln, schälen und ohne Kerngehäuse fein würfeln. Das Fruchtfleisch mit **½ EL Zitronensaft**, **200 g Apfelmus** (aus dem Glas), **2 EL Ahornsirup**, **1 Pck. Bourbon-Vanillezucker**, **2 EL gemahlenem Mohn** und **2 TL Johannisbrotkernmehl** (z. B. Biobin, Reformhaus) verrühren. Mit **1 Msp. Zimtpulver** würzen. Den Aufstrich randvoll in Gläser füllen, verschließen und im Kühlschrank aufbewahren. Er hält sich dort 5–7 Tage und schmeckt gut auf Brötchen oder Knäckebrot. Besonders fein: zum Servieren mit cremig gerührtem Doppelrahmfrischkäse mischen.

Marmorierter Kirschquark

schmeckt Kindern

Zubereitung: ca. 30 Min. | Auftauzeit: 1 Std. | Kühlzeit: ca. 30 Min. | Haltbarkeit: gekühlt 2–3 Tage | Pro Portion: ca. 200 kcal

Für 6 Portionen (ca. 400 g)

Für den Kirschaufstrich:

- 150 g TK-Schattenmorellen (entsteint)
- 2 EL Rohrohrzucker
- 75 ml Kirschsaft
- 100 g getrocknete entsteinte Kirschen
- ½ Bio-Zitrone
- 1 Prise Zimtpulver
- 4 Minzeblätter

Für den Quarkaufstrich:

- 250 g Sahnequark (40 % Fett)
- 100 g Doppelrahmfrischkäse
- 2 TL Zitronensaft

1 Die gefrorenen Kirschen in eine Schüssel geben, mit dem Zucker bestreuen und 1 Std. antauen lassen. Inzwischen den Kirschsaft aufkochen und über die getrockneten Kirschen gießen. Ca. 10 Min. einweichen, dann samt Flüssigkeit im Mixer oder mit dem Pürierstab glatt pürieren.

2 Die angetauten Kirschen im Mixer oder mit dem Pürierstab pürieren. Das Püree nach und nach zu dem Trockenkirschenmus geben und unterrühren, sodass eine streichfähige Masse entsteht. Die Zitronenhälfte heiß waschen, abtrocknen, die Schale fein abreiben und mit 1 TL Zitronensaft und dem Zimt unter die Kirschmasse rühren. Die Minze abbrausen, trocken tupfen, fein hacken und unterheben. Den Aufstrich ca. 30 Min. kalt stellen.

3 Vor dem Servieren den Quark mit dem Frischkäse und dem Zitronensaft cremig rühren. In eine Schale abwechselnd etwas Quarkcreme und 3–4 EL Kirschaufstrich schichten und mit einem Löffelstiel spiralförmig unterziehen, sodass ein Marmormuster entsteht. Der Aufstrich schmeckt sehr gut auf Knäckebrot, Brötchen oder Vollkornbrot.

Clever vorbereiten

Von der Kirschmarmelade am besten gleich die **doppelte Menge** zubereiten, in kleine Schraubgläser füllen und im Kühlschrank aufbewahren. Bei Bedarf 2–3 EL davon mit der Quarkcreme mischen.

Clever tauschen

Statt der TK-Kirschen können Sie auch **Schattenmorellen aus dem Glas** nehmen: Die Kirschen auf einem Sieb abtropfen lassen, mit dem Zucker und 4 EL Kirschsaft (aus dem Glas) pürieren. Das Kirschpüree weiterverwenden wie beschrieben.

Mango-Kokos-Aufstrich

exotisch

Zubereitung: ca. 20 Min. | Kühlzeit: ca. 1 Std. | Haltbarkeit: gekühlt 2–3 Tage | Pro Portion: ca. 100 kcal

Für 4 Portionen (ca. 300 g)

1 Stück reife Mango (ca. 250 g)
½ Bio-Limette
2 EL Rohrohrzucker
4 EL Kokosmilch (möglichst »cremige«, aus der Dose)
2 TL Johannisbrotkernmehl (z. B. Biobin, Reformhaus)
3 EL Kokosraspel

1 Die Mango schälen und in kleine Würfel schneiden. Die Limettenhälfte heiß waschen, trocken reiben, die Schale fein abreiben und 1 EL Saft auspressen.

2 Mangofruchtfleisch, Limettensaft und -schale und Zucker in eine hohe Rührschüssel geben. Die Kokosmilch zufügen und alles mit dem Pürierstab zu einer glatten Creme pürieren. Das Johannisbrotkernmehl einrühren und den Aufstrich noch einmal kurz durchmixen.

3 Die Kokosraspel in einer Pfanne ohne Fett bei mittlerer Hitze goldbraun rösten. Etwas abkühlen lassen, dann unter die Creme heben. Den Aufstrich in saubere Gläser füllen und mit einem Deckel fest verschließen. Vor dem Servieren 1 Std. im Kühlschrank ziehen lassen. Der Aufstrich schmeckt auf Toast oder Weißbrot.

Erdbeer-Tofu-Creme

superschnell

Zubereitung: ca. 15 Min. | Kühlzeit: ca. 20 Min. | Haltbarkeit: gekühlt ca. 2–3 Tage | Pro Portion: ca. 65 kcal

Für 4 Portionen (ca. 230 g)

100 g Erdbeeren (frisch oder TK und aufgetaut)
1 EL Ahornsirup
1 TL Bourbon-Vanillezucker
1 TL Zitronensaft
1 EL Sojacreme (Sahneersatz aus Sojabohnen)
100 g Naturtofu
2 TL Johannisbrotkernmehl (z. B. Biobin, Reformhaus)
1 EL ungesalzene Pistazien

1 Frische Erdbeeren kurz abbrausen, putzen, klein schneiden und mit Ahornsirup, Vanillezucker, Zitronensaft und Sojacreme in eine hohe Rührschüssel geben.

2 Den Tofu abtropfen lassen, trocken tupfen und klein würfeln. Tofu und Bindemittel zu den Erdbeeren geben und alles mit dem Pürierstab fein pürieren. Die Pistazien hacken und zum Schluss unterheben. Den Aufstrich vor dem Servieren ca. 20 Min. kalt stellen. Er schmeckt auf Vollkorntoast oder -brötchen.

Variante: Tofu-Feigen-Aufstrich

Für 4 Portionen (ca. 210 g) | **50 g getrocknete Soft-Feigen** klein schneiden. **30 g Haselnusskerne** in einer Pfanne ohne Fett rösten, abkühlen lassen, grob hacken. **100 g Naturtofu** würfeln, mit Feigen, Nüssen, **2 EL Sojacreme**, **2 EL Ahornsirup** und **1 EL Zitronensaft** mit dem Pürierstab glatt pürieren.

1

2

3

Kürbis-Orangen-Aufstrich

mit feiner Vanillenote

Zubereitung: ca. 30 Min. | Backen: ca. 45 Min. | Kühlzeit: ca. 30 Min. | Haltbarkeit: gekühlt 2–3 Tage | Pro Portion: ca. 135 kcal

Für 6 Portionen (ca. 350 g)

1 Stück Kürbis (z. B. Butternuss- oder Muskatkürbis, ca. 300 g)
1 EL neutrales Öl
2 EL Ahornsirup
½ Bio-Orange
½ Vanilleschote
125 g Crème double
1 TL Johannisbrotkernmehl (z. B. Biobin, Reformhaus)

Außerdem:

Backpapier für das Blech
mit einem Zestenreißer abgelöste Schalenstreifen von ½ Bio-Orange zum Garnieren (nach Belieben)

1 Den Backofen (außer bei Umluft) auf 200° vorheizen. Ein Backblech mit Backpapier auslegen. Kerne und faseriges Inneres mit einem Esslöffel aus dem Kürbis herauskratzen, den Kürbis auf das Backblech legen, mit Öl bestreichen und im Ofen (Mitte, Umluft 180°) in 45 Min. weich backen.

2 Den Kürbis aus dem Ofen nehmen und etwas abkühlen lassen. Das Fruchtfleisch aus der Schale kratzen (**Bild 1**) – ergibt ca. 200 g – und in eine hohe Rührschüssel geben. 1 EL Ahornsirup zufügen und die Mischung glatt pürieren.

3 Die Orangenhälfte heiß waschen, abtrocknen, die Schale fein abreiben und 3 EL Orangensaft auspressen. Die Vanilleschote längs aufschneiden und das Mark herauskratzen. In einer Schüssel Crème double, Orangenschale und -saft, Vanillemark, übrigen Ahornsirup sowie Johannisbrotkernmehl mischen und mit den Quirlen des Handrührgeräts verrühren, bis die Masse steif wird (**Bild 2**).

4 Das Kürbispüree nach und nach unter die Creme rühren (**Bild 3**). Den Kürbisaufstrich vor dem Servieren ca. 30 Min. kalt stellen. Auf Graubrot streichen und nach Belieben mit einigen Orangenzesten bestreuen.

Variante: Süße Auberginencreme

Für 4 Portionen (ca. 270 g) | **1 große Aubergine** längs halbieren, in eine leicht gefettete Gratinform legen und die Schnittflächen mit **1 EL Öl** bestreichen. Die Aubergine im Backofen bei 200° (Mitte; Umluft 180°) 35–40 Min. backen, bis das Fruchtfleisch weich ist. Etwas abkühlen lassen und das Fruchtfleisch aus der Schale lösen, grob würfeln und mit **75 g Soft-Cranberrys**, **4 EL Orangensaft**, **3 EL flüssigem mildem Honig** und **1 TL abgeriebener Schale von 1 Bio-Orange** mit dem Pürierstab zu einer glatten Creme verarbeiten. Im Kühlschrank gut durchkühlen lassen. In einem geschlossenen Glas hält sich der Aufstrich 4–5 Tage.

Pflaumenmus

feinwürzig

Zubereitung: ca. 20 Min. | Einweichen: ca. 3 Std. | Haltbarkeit: gekühlt ca. 14 Tage | Pro Portion: 60 kcal

Für 2 Gläser à ca. 200 ml (11 Portionen)

250 g entsteinte Trockenpflaumen
75 ml Apfelsaft
½ Vanilleschote
3 EL Zitronensaft
2 EL Ahornsirup
½ TL Zimtpulver
1 Msp. gemahlene Nelken

1 Die Pflaumen in kleine Stücke schneiden und in eine Schüssel geben. Den Apfelsaft erhitzen und über die Pflaumen gießen. Die Mischung ca. 3 Std. ziehen lassen, dabei ab und zu umrühren.

2 Die eingeweichten Früchte samt Einweichflüssigkeit im Mixer oder mit dem Pürierstab glatt pürieren. Die Vanilleschote längs aufschneiden, das Mark auskratzen und mit Zitronensaft, Ahornsirup, Zimt und Nelken gründlich unter das Pflaumenmus rühren. Es schmeckt mit Quark oder Schmand auf Mohnbrötchen oder Vollkornbrot.

Clever tauschen

Falls keine Kinder mitessen: für noch mehr Aroma die Pflaumen in **Rotwein**, z. B. Burgunder, statt in Apfelsaft einweichen.

Aprikosen-Orangen-Aufstrich

mit Ingwerkick

Zubereitung: ca. 20 Min. | Kühlzeit: ca. 30 Min. | Haltbarkeit: gekühlt 3–4 Tage | Pro Portion: ca. 40 kcal

Für 2 Gläser à ca. 200 ml (11 Portionen)

2 Orangen (davon 1 Bio-Orange)
150 g Soft-Aprikosen
2 EL Zitronensaft
2 TL Johannisbrotkernmehl (z. B. Biobin, Reformhaus)
½ TL gemahlener Ingwer

1 Die Bio-Orange heiß waschen, trocken reiben und 1 TL Schale fein abreiben. Beide Orangen bis ins Fruchtfleisch schälen. Die Fruchtfilets zwischen den Trennhäutchen herauslösen und klein schneiden, dabei den Saft auffangen.

2 Die Aprikosen klein würfeln und mit Orangenstücken und -saft sowie Zitronensaft in eine hohe Rührschüssel geben und alles mit dem Pürierstab glatt pürieren.

3 Johannisbrotkernmehl, Orangenschale und Ingwer unterrühren. Die Mischung ca. 30 Min. im Kühlschrank durchziehen lassen. Dazu passt Vollkornbrot oder -toast.

Clever tauschen

Wenn Sie **normale getrocknete Aprikosen** statt der Soft-Aprikosen verwenden, müssen Sie sie vorher ca. 1 Std. in lauwarmem Wasser einweichen.

links unten: Aprikosen-Orangen-Aufstrich | rechts oben: Pflaumenmus

Vanille-Mandelmus

wandelbarer Klassiker

Für 1 Glas à ca. 300 ml (5 Portionen)
200 g Mandeln überbrühen, ca. 5 Min. ziehen lassen, dann abgießen, kurz kalt abschrecken und abtropfen lassen. Die Mandelkerne aus den Häuten drücken. **½ Vanilleschote** aufschlitzen, das Mark mit einem Messer herauskratzen und mit **2–3 EL Ahornsirup** und **5 EL Mandelöl** (ersatzweise Rapsöl) zu den Mandeln geben. Alles im Mixer gründlich pürieren, bis eine glatte Creme entstanden ist. Den Aufstrich vor dem Servieren ca. 30 Min. in den Kühlschrank stellen. Das Mandelmus schmeckt gut auf Weißbrot, Toast und Brötchen. Es hält sich in einem Twist-off-Glas im Kühlschrank 3–4 Wochen.

Trauben-Nuss-Creme

vitalstoffreich

Für 1 Glas à ca. 230 ml (4 Portionen)
100 g Haselnusskerne in einer Pfanne ohne Fett rösten, bis sie duften. Abkühlen lassen und im Blitzhacker oder mit der Nussmühle sehr fein mahlen. **5–6 EL Haselnussöl** (ersatzweise Rapsöl) mit **2 EL flüssigem mildem Honig** und **1 EL Kakaopulver** gründlich verrühren und mit den Nüssen im Mixer zu einer homogenen Masse verarbeiten. **2 EL Rosinen** klein schneiden, unterrühren und die Creme mit **1 Msp. Zimtpulver** abschmecken. Sie passt zu Mischbrot, Vollkornbrötchen oder Knäckebrot und hält sich in einem geschlossen Schraubglas im Kühlschrank 3–4 Wochen.

Macadamia-Karamell-Creme

raffiniert

Für 1 Glas à ca. 250 ml (5 Portionen) **60 g Vollrohrzucker** oder Rohrohrzucker in einem schweren Topf bei mittlerer Hitze schmelzen und hellbraun karamellisieren. Mit **100 g Sahne** ablöschen und rühren, bis sich der Karamell gelöst hat. Bei mittlerer Hitze in ca. 5 Min. sirupartig einkochen, dabei gelegentlich umrühren. Abkühlen lassen. **100 g ungesalzene Macadamianusskerne** und **30 g Haselnusskerne** in einer trockenen Pfanne rösten, abgekühlt fein mahlen. Im Mixer mit dem Karamell und **2 EL Rapsöl** zur glatten Creme verarbeiten. Sie schmeckt zu Weißbrot, eignet sich aber auch für Desserts. Sie ist im Kühlschrank 4–5 Wochen haltbar.

Mohn-Orangen-Butter

intensiv aromatisch

Für 6 Portionen (ca. 190 g) **3 EL Mohnsamen** im Blitzhacker oder in der Mohnmühle mahlen und in einer Pfanne ohne Fett rösten, bis sie duften. Abkühlen lassen. **150 g weiche Butter** in eine Rührschüssel geben, Mohn, **1 TL Orangensaft** und **½ TL abgeriebene Schale von 1 Bio-Orange**, **3 EL flüssigen milden Honig** und **1 EL Bourbon-Vanillezucker** zufügen. Alles mit den Quirlen des Handrührgeräts cremig verrühren. Die Paste vor dem Servieren ca. 15 Min. kalt stellen. Die Mohnbutter passt prima zu Rosinen- oder Sesambrötchen und auf Knäckebrot. In einem gut verschlossenen Gefäß hält sie sich im Kühlschrank ca. 1 Woche.

Mousse-au-chocolat-Creme

Hit für Kids

Zubereitung: ca. 20 Min. | Kühlzeit: ca. 30 Min. | Haltbarkeit: gekühlt 5–6 Tage | Pro Portion: ca. 115 kcal

Für 1 Glas à ca. 300 ml (10 Portionen)

100 g Zartbitterschokolade
2 EL Milch
1 Pck. Bourbon-Vanillezucker
1 EL Zucker
1 EL Kakaopulver
3 EL gemahlene Mandeln (am besten frisch in der Nussmühle gerieben)
½ TL Zimtpulver
100 g Sahne

1 Die Schokolade in Stücke brechen und mit Milch, Vanillezucker und Zucker in einen kleinen Topf geben. Alles bei milder Hitze unter Rühren erhitzen, bis die Schokolade geschmolzen ist.

2 Kakao, Mandeln und Zimt zur Schokoladenmasse geben und so lange rühren, bis die Creme glatt ist. Die Masse etwas abkühlen lassen.

3 Die Sahne steif schlagen und mit einem Löffel locker unter die Schokocreme ziehen. Die Schokomasse in ein Glas mit Schraubdeckel füllen, gut verschließen und vor dem Servieren ca. 30 Min. in den Kühlschrank stellen. Zum Frühstück auf Toastbrot, Hörnchen oder Brötchen streichen und nach Belieben noch mit ein paar Bananenscheiben belegen.

Variante: Nuss-Schoko-Creme

Für 1 Glas (ca. 300 ml) | **50 g gemahlene Haselnüsse** in einer Pfanne ohne Fett anrösten, bis sie duften. Abkühlen lassen. **150 g Vollmilchschokolade** in Stücke hacken und in einem kleinen Topf vorsichtig unter Rühren schmelzen. Mit den Nüssen und **100 g Mascarpone** verrühren, bis eine streichfähige Masse entstanden ist. Mit **½ TL abgeriebener Schale von 1 Bio-Orange, 1 Pck. Bourbon-Vanillezucker** und **1 EL Zucker** aromatisieren. Die Creme etwas abkühlen lassen, dann in ein Twist-off-Glas füllen und verschließen.

Clever servieren

Die Schokoladencreme ist anfangs noch etwas weicher, dickt aber beim Erkalten nach. Damit sich die Creme gut verstreichen lässt, **rechtzeitig aus dem Kühlschrank nehmen** und ca. 30 Min. an einen warmen Ort stellen.

Latte-macchiato-Creme

nach italienischem Vorbild | *Zubereitung: ca. 20 Min.* | *Haltbarkeit: gekühlt 3–4 Tage* | *Pro Portion: ca. 140 kcal*

Für 6 Portionen (ca. 200 g)

50 ml starker, frisch gebrühter Espresso
3 EL Rohrohrzucker
125 g Mascarpone
1 Pck. Bourbon-Vanillezucker
2 EL gemahlene Mandeln
½ TL Johannisbrotkernmehl (z. B. Biobin, Reformhaus)

Außerdem:

Kakaopulver zum Bestäuben

1 Den Espresso mit dem Zucker in einem kleinen Topf verrühren und bei starker Hitze in ca. 5 Min. sirupartig auf etwa die Hälfte einkochen lassen. Etwas abkühlen lassen.

2 Den Mascarpone mit Vanillezucker, Mandeln und Johannisbrotkernmehl glatt verrühren, dabei nach und nach den Espressosirup untermischen. Die Creme vor dem Servieren mit Kakaopulver bestäuben. Sie schmeckt auf frischem Weißbrot oder Toast besonders gut.

Variante: Schoko-Latte-Creme

Für 7 Portionen (ca. 240 g) | **50 g weiße Kuvertüre** hacken und in einem Topf bei milder Hitze schmelzen, **4 EL Sahne** unterrühren. **50 ml Espresso** mit **3 EL Rohrzucker** und **1 Pck. Bourbon-Vanillezucker** in ca. 5 Min. sirupartig einkochen. Den Sirup abkühlen lassen und erst mit der Schokocreme, dann mit **125 g Mascarpone**, **1 Pck. Bourbon-Vanillezucker**, **2 EL gemahlenen Mandeln** und **½ TL Johannisbrotkernmehl** glatt rühren.

Süße Maronencreme

braucht etwas Zeit

Zubereitung: ca. 1 Std. 15 Min. | Kühlzeit: ca. 30 Min. | Haltbarkeit: gekühlt 4–5 Tage | Pro Portion: ca. 185 kcal

Für 5 Portionen (ca. 300 g)

300 g Maronen | Salz
2 EL weiche Butter
2 EL flüssiger milder Honig
1 Pck. Bourbon-Vanillezucker
2–3 EL Sahne
½ Vanilleschote

1 Die Maronen an der flachen Seite kreuzweise einschneiden und mit Salzwasser bedeckt bei mittlerer Hitze 40–45 Min. garen. Abgießen und schälen, dabei auch das dunkle Häutchen entfernen. Die Maronen noch heiß mit dem Pürierstab pürieren und ca. 30 Min. abkühlen lassen.

2 Butter, Honig, Vanillezucker und Sahne dazugeben und alles gründlich verrühren. Die Vanilleschote aufschlitzen, das Mark herauskratzen und unterrühren. Der Aufstrich schmeckt gut auf Weißbrot, man kann ihn aber auch für Nachspeisen verwenden.

Clever tauschen

Statt der frischen Esskastanien **200 g vakuumierte Maronen** aus der Gemüseabteilung nehmen. Da sie vorgegart und geschält sind, können Sie sie direkt aus der Packung mit den übrigen Zutaten im Mixer zu einer Creme verarbeiten.

So viel mehr lecker.

ISBN 978-3-8338-1872-1

ISBN 978-3-8338-2711-2

ISBN 978-3-8338-3290-1

ISBN 978-3-8338-3289-5

ISBN 978-3-8338-0670-4

Erhältlich im App Store

Alle hier vorgestellten Bücher sind auch als eBook erhältlich.

Mehr von GU auf **www.gu.de** und
facebook.com/gu.verlag

G|U

Willkommen im Leben.

Die Autorin **Martina Kittler,** Ökotrophologin und begeisterte Kochbuch-Autorin, liegt das Thema gesunde Ernährung mit viel Genuss besonders am Herzen. So wird bei ihr nur aufs Brot gestrichen, was lecker schmeckt und gut bekommt. Für dieses Buch hat sie über 100 herzhafte und süße Aufstriche gemischt – mit viel Fantasie und frischen Zutaten, ganz einfach und natürlich selbst gemacht.

Die Fotografin **Jana Liebenstein** arbeitet seit Jahren intensiv für Werbung, Bücher und Zeitschriften im Foodbereich. In der Innenstadt Münchens kreiert das Team Foodaufnahmen in erfrischendem Licht und appetitanregendem, trendigem Styling.

Ein besonderes Dankeschön geht an die Stylistin **Lisa La Barbera** sowie an **Potier** (www.potier.com.au) und **Kris Coad** (www.kriscoad.com) für das Ausleihen wunderschöner Requisiten.

Syndication: www.jalag-syndication.de

Projektleitung: Alessandra Redies

Lektorat: Sabine Schlimm

Korrektorat: Waltraud Schmidt

Innenlayout, Typografie und Umschlaggestaltung:
independent Medien-Design, Horst Moser, München

Satz: Knipping Werbung GmbH, Berg am Starnberger See

Herstellung: Markus Plötz

Reproduktion: Longo AG, Bozen

Druck und Bindung: Printer Trento, Trient

ISBN 978-3-8338-3426-4 · 1. Auflage 2013

www.facebook.com/gu.verlag

GRÄFE UND UNZER

Ein Unternehmen der
GANSKE VERLAGSGRUPPE

QUALITÄTS G|U GARANTIE

DIE GU-QUALITÄTS-GARANTIE

Liebe Leserin, lieber Leser,
wir möchten Ihnen mit den Informationen und Anregungen in diesem Buch das Leben erleichtern und Sie inspirieren, Neues auszuprobieren. Alle Informationen werden von unseren Autoren gewissenhaft erstellt und von unseren Redakteuren sorgfältig ausgewählt und mehrfach geprüft. Deshalb bieten wir Ihnen eine 100 %ige Qualitätsgarantie. Sollten wir mit diesem Buch Ihre Erwartungen nicht erfüllen, lassen Sie es uns bitte wissen. Sie erhalten von uns kostenlos einen Ratgeber zum gleichen oder einem ähnlichen Thema. Wir freuen uns auf Ihre Rückmeldung, auf Lob, Kritik und Anregungen, damit wir für Sie immer besser werden können.

GRÄFE UND UNZER Verlag
Leserservice
Postfach 86 03 13
81630 München
E-Mail:
leserservice@graefe-und-unzer.de

Telefon: 0800 – 72 37 33 33*
Telefax: 0800 – 501 20 54*
Mo–Do: 8.00–18.00 Uhr
Fr: 8.00–16.00 Uhr
(gebührenfrei in Deutschland)*

Ihr GRÄFE UND UNZER Verlag
Der erste Ratgeberverlag – seit 1722.